Válogatott

VERSEK

Költészet napjára

EES KIADÓ
Windsor, Canada
2015

Ezt a verses kötetet a 2009 – 2014-es évek
Költészet Napi
ünnepeinek anyagából válogatva
adtuk ki.
A kötet egy bővebb áttekintést adhat a magyar költészet
gyöngyszemeiről és egyben néhány amatőr költő költeményeinek
megismeréséhez nyújt segítséget.

A kiadványt szeretettel ajánlom a
Windsori Magyar Kultúrközpont
Irodalmi Kör
tagjainak,
valamint minden irodalom szerető magyarnak.
Ugyancsak szeretettel ajánlom feleségemnek,
Tóth Margitnak
a könyv létrehozásához adott értékes tanácsaiért.
Tóth Sándor

ISBN 978-0-9940871-1-9
EES
Kiadó
Windsor, Canada

A kötetet tervezte, összeállította és illusztrálta
Tóth Sándor

Illusztációk:
3. oldal, Generációtól generációnak, iStockPhoto

Printed in USA

Válogatott
VERSEK
Költészet napjára

ELŐSZÓ

Ezzel a kiadvánnyal a kiadó a magyar szépírás, a magyar költészet nagy, hallhatatlan alakjainak körébe kívánja elvezetni az olvasót.

Nem uj értékek kutatása, felfedezése vezérelte a kiadót, hanem sokkal inkább a magyar irodalmom klasszikus és mai értékeinek megőrzése, valamint a költészet értő és élményt adó olvasásának rejtelmeibe bevezetni az olvasót.

A kötet összefoglalja öt év (2009 – 2014) irodalmi anyagát, amelyet a rendszeresen megtartott Költészet Napi ünnepségeken használt fel a Magyar Kultúrközpont a kanadai Windsor városában. Ezeket az ünnepségeket Nt.Lízik Zoltán vezette Irodalmi Kör kebelén belül rendezték meg sikeresen.

Ebben, a kötetben helyet kaptak olyan költők is, akik nem főfoglalkozásban, hanem az irodalom, költészet szeretetétől vezérelve maguk is gazdagították a magyar irodalmi kultúrát. Ezeknek a verseknek éppen olyan értéket nyilvánítunk, mint legnagyobb íróinknak és költőinknek, mert a nehéz időkben és hazájuktól távol is a magyar szónak adtak hangot. Ugyancsak helyet adtunk néhány ma élő és kevesebbet hallot költőinknek, hogy megismerjék írásaikat magyar határainkon túl is.

A kötet olvasása, forgatása maradandó élményt nyújt minden olvasónak, aki meg akar ismerkedni költészetünk legnagyszerűbb verseivel, írásaival és kimagasló alakjaival. Különösen javaoljuk azoknak a fiataloknak, akik most ismerkednek a magyar költészettel és költőkkel, és szeretnék ismereteiket bővíteni, mélyíteni.

Tóth Sándor
Kiadó

Ady Endre
(1877 Érmindszent – 1920 Szentendre)

Az Úr érkezése

Mikor elhagytak,
Mikor a lelkem roskadozva vittem,
Csöndesen és váratlanul
Átölelt az Isten.

Nem harsonával,
Hanem jött néma, igaz öleléssel,
Nem jött szép, tüzes nappalon
De háborus éjjel.

És megvakultak
Hiú szemeim. Meghalt ifjuságom,
De őt, a fényest, nagyszerűt,
Mindörökre látom.

Őrizem a szemed

Már vénülő kezemmel
Fogom meg a kezedet,
Már vénülő szememmel
Őrizem a szemedet.

Világok pusztulásán
Ősi vad, kit rettenet
Űz, érkeztem meg hozzád
S várok riadtan veled.

Már vénülő kezemmel
Fogom meg a kezedet,
Már vénülő szememmel
Őrizem a szemedet.

Nem tudom, miért, meddig
Maradok meg még neked,
De a kezedet fogom
S őrizem a szemedet.

Arany János
(1817 Nagyszalonta – 1882 Budapest)

Itthon

Mint a madár a fészkére,
Szomju vándor hűvös érre,
Mint a gyermek anyaölbe:
Vágyom én e nyájas körbe.

Itt, enyelgő kis családom
Közt, van az én jó világom;
Künn borong bár a magasban:
Itt örökké csillagos van.

Csillogó szem, mosolygó ajk:
Ez az amit szívem óhajt,
S küszöbömet átallépve,
Ez derűl itt én elémbe.

Szívem ifjul, gyermekké lesz:
Kis örömet nagynak érez,
Körülem is ártatlan kedv
Játszi pillangója repked.

És felejtem egyelőre
Gondjaimat a jövőre:
Mi nehéz súly függ e vállon,
Nehogy kedvök búra váljon.

Gyermek-szívvel, öntudatlan
Nyugszom meg e gondolatban:
Hogy övéit el nem hagyja,
Ki mindnyájunk édesatyja.

Toldi 1

Első ének

,Nyomó rúdat félkezével kapta vala,
Buda felé azzal utát mutatja vala.'
Ilosvai.

1.

Ég a napmelegtől a kopár szík sarja,
Tikkadt szöcskenyájak legelésznek rajta;
Nincs egy árva fűszál a tors közt kelőben,
Nincs tenyérnyi zöld hely nagy határ mezőben.
    Boglyák hűvösében tíz-tizenkét szolga
Hortyog, mintha legjobb rendin menne dolga;
Hej, pedig üresen, vagy félig rakottan,
Nagy szénás szekerek álldogálnak ottan.

2.

Ösztövér kutágas, hórihorgas gémmel
Mélyen néz a kútba s benne vizet kémel:
Óriás szunyognak képzelné valaki,
Mely az öreg földnek vérit most szíja ki.
    Válunál az ökrök szomjasan delelnek,
Bőgölyök hadával háborúra kelnek:
De felült Lackó a béresek nyakára,
Nincs, ki vizet merjen hosszu csatornára.

3.

Egy, csak egy legény van talpon a vidéken,
Meddig a szem ellát puszta földön, égen;
Szörnyü vendégoldal reng araszos vállán,
Pedig még legénytoll sem pehelyzik állán.
    Széles országútra messze, messze bámul,
Mintha más mezőkre vágyna e határrul;
Azt hinné az ember: élő tilalomfa,
Ütve ,általútnál' egy csekély halomba.

4.

Szép öcsém, miért állsz ott a nap tüzében?
Ládd, a többi horkol boglya hűvösében;
Nyelvel a kuvasz is földre hengeredve,
A világért sincs most egerészni kedve:
    Vagy sohasem láttál olyan forgó szelet,
Mint az, aki mindjárt megbirkózik veled,
És az útat nyalja sebesen haladva,
Mintha füstokádó nagy kémény szaladna?

5.

Nem is, nem is azt a forgószelet nézi,
Mely a hamvas útat véges-végig méri:
Túl a tornyon, melyet porbul rakott a szél,
Büszke fegyver csillog, büszke hadsereg kél.
    És amint sereg kél szürke por ködéből,
Úgy kel a sóhajtás a fiú szivéből;
Aztán csak néz, csak néz előre hajolva,
Mintha szive-lelke a szemében volna.

6.

„Szép magyar leventék, aranyos vitézek!
Jaj be keservesen, jaj be búsan nézlek.
Merre, meddig mentek? Harcra? Háborúba?
Hírvirágot szedni gyöngyös koszorúba?
    Mentek-é tatárra? mentek-é törökre,
Nekik jóéjtszakát mondani örökre?
Hej! ha én is, én is köztetek mehetnék,
Szép magyar vitézek, aranyos leventék!”

7.

Ilyenforma Toldi Miklós gondolatja,
Mely sóvárgó lelkét mélyen szántogatja;
S amint fő magában, amint gondolkodik,
Szíve búbánatban összefacsarodik.
    Mert vitéz volt apja; György is, álnok bátyja,
A királyfi mellett nőtt fel, mint barátja;
S míg ő béresekkel gyűjt, kaszál egy sorban,
Gőgösen henyél az a királyudvarban.

8.

Itt van immár a had, Laczfi nádor hada,
Itt kevély hadával Laczfi Endre maga;
Délcegen megüli sárga paripáját,
Sok nehéz aranyhím terheli ruháját;
    És utána nyalka, kolcsagos legények,
Tombolván alattok cifra nyergű mének:
Nézi Miklós, nézi, s dehogy veszi észbe,
Hogy a szeme is fáj az erős nézésbe.

9.

„Hé, paraszt! melyik út megyen itt Budára?"
Kérdi Laczfi hetykén, csak amúgy félvállra;
De Toldinak a szó szivébe nyilallik,
És olyat döbben rá, hogy kivül is hallik.
    „Hm, paraszt én!" emígy füstölög magában,
„Hát ki volna úr más széles e határban?
Toldi György talán, a rókalelkü bátya,
Ki Lajos királynál fenn a tányért váltja?

10.

Én paraszt? én?" - Amit még e szóhoz gondolt,
Toldi Györgyre szörnyü nagy káromkodás volt.
Azzal a nehéz fát könnyeden forgatja,
Mint csekély botocskát, véginél ragadja;
    Hosszan, egyenesen tartja félkezével,
Mutatván az utat, hol Budára tér el,
S mintha vassá volna karja, maga válva,
Még csak meg se rezzen a kinyujtott szálfa.

11.

Nádorispán látja Toldit a nagy fával,
És elámul rajta mind egész hadával.
„Ember ez magáért" Laczfi mond „akárki;
Nos fiúk, birokra, hadd lássuk, ki áll ki?
    Vagy ki tartja úgy fel azt a hitvány rúdat,
Amellyel mutatja e suhanc az útat?"
Szégyen és gyalázat: zúg, morog mindenki,
Egy paraszt fiúval még sem áll ki senki!

12.

De ki vína bajt az égiháborúval,
Szélveszes, zimankós, viharos borúval?
És ki vína Isten tüzes haragjával,
Hosszú, kacskaringós, sistergő nyilával?
   Mert csak az kössön ki Toldival, ha drága
S nem megunt előtte Isten szép világa;
Jaj-keserves annak, aki jut kezébe,
Meghalt anyjának is visszarí ölébe.

13.

Elvonul a hadnép hosszú tömött sorban,
Toldiról beszélnek az egész táborban;
Mindenik mond néki nyájasat vagy szépet,
Mindenik derít rá egy mosolygó képet;
   Egyik így szól: „Bajtárs! mért nem jösz csatára?
Ily legénynek, mint te, ott van ám nagy ára.”
Másik szánva mondja: „Szép öcsém, be nagy kár,
Hogy apád paraszt volt s te is az maradtál.”

14.

Elvonul a tábor, csillapul morajja:
Ezt a szél elhordta, azt a por takarja;
Toldi meg nagybúsan hazafelé ballag,
Vaskos lábnyomától messze reng a parlag;
   Mint komor bikáé, olyan a járása,
Mint a barna éjfél, szeme pillantása,
Mint a sértett vadkan, fú veszett dühében,
Csaknem összeroppan a rúd vas kezében.

Ábrányi Emil
(1851 Budapest – 1920 Szentendre)

Az amerikai magyarokhoz.

Nos patriam fugimus.
Vándor-madár megy gazdagabb vidékre,
Ha kezd hervadni völgy, liget, mező.
De a tavasznak első mosolyára
Árván maradt fészkébe vissza-jő.
Jön vissza híven roppant messzeségből,
Nem tartja vissza semmiféle gát.
Im itt a példa: nem lehet, barátim,
Elhagyni végképp a szülő-hazát!

Jó! Menjetek ki! Ha magyar hazátok
Nem adhat kincset, mert nagyon szegény:
Keressetek pénzt gazdag nemzetek közt,
Műhelyben, gyárban, bányák fenekén.
De hogyha ott künn kedvez a szerencse,
Ha künn az ég vagyont, bőséget ád:
Ó jertek vissza gyüjtött kincsetekkel,
Dúsabbá tenni e szegény hazát!

S úgy éljetek künn, ott az uj világban,
Míg vándorlástok bús évadja tart,
Hogy hozzatok díszt nemzetünk nevére,
Hogy bennetek tiszteljék a magyart!
Elég nekünk a pártok rút viszálya,
Irígy gyülölség, mérges bosszu, vád!
Szeressétek ti messze idegenben
Nálunknál jobban a magyar hazát!

Dolgozzatok künn!... Bátor munka révén
Ész finomúljon, edződjék a kar!
De minden órán eszetekbe jusson,
Milyen kevés ah otthon a magyar!
Számláljatok félénken össze minket,
Mint özvegy asszony szűkös garasát
S ne váljatok ki végképp!... Ne tegyétek
Még koldusabbá e szegény hazát!

Tudom, nincs párja vad Niagarának.
Ő a vizek mennydörgő istene.
Mégis nekem a Tar-patak zúgása
Ezerszer drágább, édesebb zene!
Szivemnek drágább minden Red-Rivernél
A kicsi Bodrog és partján a nád!
Ezért kivánnám látni, ujra látni,
És mindig látni a magyar hazát!

Vándor-sasok, kik fészket raktatok künn,
Virágzó, büszke városok falán:
Ha bősz ellenség országunkra törne,
Ezt is nyugodtan néznétek talán?
Nem! Nem! Tudom: ti akkor visszajöttök!
Rohantok mind az óceánon át,
Hatalmas hévvel, vijjogó haraggal,
Halálig védni a magyar hazát!

Haza

Tőlem ragyoghat más föld! Kandi szemmel
Meg nem kivánom! S adhat mostoha
Sorsot e hon: hordom szent türelemmel,
De más nép tagja nem leszek soha!
Hazám szép nyelve, csak téged csodállak,
Erővel, bájjal, fönséggel tele!
Bölcsőm felett magyar szót suttogának.
Koporsómat magyar szó zárja le!

Áprily Lajos
(1887 Brassó – 1967 Budapest)

Az apa

Hallgatott s némán birkóztál vele.
Most már simulnál, mint a régi gyermek.
Lázadásodnak nincs ellenfele,
s tudod már: holt apák jobban nevelnek.

Féltél, anyám?

Sírod körül harc volt, hadnép rohant,
vad ütközetben reszketett a hant.
Féltél, anyám? és gondoltál-e rám?
Te nem féltél, csak féltettél, anyám.

Haza

Egy életben kétszer vesztettem el.
Nincs, nincs. Bús sorsot értem és kietlent.
Hová vezetsz utam? Egy hang felel:
Keress magadnak elveszíthetetlent.

Menedék, I

S mikor völgyünkre tört az áradat
s már hegy se volt, mely mentő csúccsal intsen,
egyetlenegy kőszikla megmaradt,
egyetlen tornyos sziklaszál: az Isten.

Menedék, II

Megnőtt a fény. Nyírsátorodba ülj,
nyírvesszővel kergesd a bút s derülj.
Zenére szomjaztál? Most idd a dalt:
pinty füttye szoprán, rigó füttye alt.

Útravaló

A lélek,
mikor búcsúzva bontja szárnyait,
visz magával a földről valamit.

Eszmét, melyet világra ő hozott,
virágot, melyet ő virágoztatott.

Én Istenem, én mit vigyek neked?
Nem vihetek én mást, csak verseket.

Kiválasztok pár útamra valót,
a többinél tisztábban dalolót.

S ahol ösvénnyel vár az égi rét,
zenét hallok majd, felséges zenét.

Barátom, aki már előre ment,
azt a zenét rég hallja odafent.

S ahogy azt a muzsikát hallgatom,
azt a keveset rendre hullatom.

Az a zene csak vallatja velem:
Süket sor... nem merem... ezt sem merem.

S amikor, Uram, hozzád érkezem,
könnyű kezem miatt szégyenkezem.

A választottakból csak egy maradt,
az, melyben elfogtam egy sugarad.

Az, amelyikben elmondtam neked,
hogyan szerettem drága földedet.

S szólok: Csak ennyit hoztam. Ó, Uram,
ne ítéld meg nagyon szigoruan.

Babits Mihály
(1883 Szekszárd – 1941 Budapest)

A lírikus epilógja

Csak én birok versemnek hőse lenni,
első s utolsó mindenik dalomban:
a mindenséget vágyom versbe venni,
de még tovább magamnál nem jutottam.

S már azt hiszem: nincs rajtam kívül semmi,
de hogyha van is, Isten tudja hogy' van?
Vak dióként dióban zárva lenni
S törésre várni beh megundorodtam.

Büvös körömből nincsen mód kitörnöm,
Csak nyílam szökhet rajta át: a vágy -
de jól tudom, vágyam sejtése csalfa.

Én maradok: magam számára börtön,
mert én vagyok az alany és a tárgy,
jaj én vagyok az ómega s az alfa.

Kútban

Gondoljátok-e, mi van a kútban,
kút fenekén és kút közepén:
tudnám bár, mint egykor tudtam,
elmesélhetném.

Törpék, azt hiszem, élnek a mélyén,
csupa Hüvelyk Matyi, törpe nép:
apró szemük áthatol éjén,
vékony lábuk a vízre lép.

Vékony lábuk a vízre lép, mint
csámpás csápu, kaszás bogáré,
férfiuk rút és hölgyük szép, mint
megannyi picinyke vízi királyné.

Kemény nekik a víz, áthatolatlan
fekete fényű gyémántpadló,
rajta királyukat árnyfogatban,
könnyű fogatban húzza hat ló.

Magas nekik egük, a fekete ég.
Apró szakadékok, hulló kövi réteg.
Tudósaik azt rég kiméricselék,
hogy meddig a víz, a gyémántsima rétek.

Mert vízbe helyenként betorkol a föld és
ott van a vég, mélyrejtélyü határ
a kaputlan fal s alagutlan töltés
végnélküli vak akadály.

Végnélküli vak akadály, mint
minekünk az üres levegő
(bár szállni kivánnánk, mint a madár, mint
a fecske, a fönt lebegő).

Fal, fal, csupa fal, csupa fal, csupa fal...
(A világnak lehet-e vége?)
Igy él a sötétben vén és fiatal
a sötétség picike népe.

Jön néha a kútvödör - ó csupa rémség!
Reng a víz attól, loccsan az ár;
inti is az unokákat a vénség:
"Amerre a kútvödör, arra ne járj!"

Igy élnek a vízen, légpalotákban,
míg össze nem omlik a kút
és minden e törpe világban
még nagyobb sötétbe jut.

A földfalak akkor egymásra omolnak,
a nyilás helyére a csorda lép
s eltűnik, mintha nem is lett volna
az emberi szem nem látta nép.

Új mythológia

Nagy szörny-anyádhoz hiába kiáltasz,
ki nem érti fájdalom-nyelvedet
s kivel élned, élned és halnod kell ma.
Ellene bizsegsz-é a testnek, melyben hús vagy?
mellyel egy vagy? Tudnád-e nem szeretni?
harcának gátja lenni, áruló,
beteg parány, kivágni-való?
(bár végül jaj mindig a beteg parányoké lesz a szó).

Nemzeteket láttam, hatalmas szörnyeket, küzdeni, óriás
testtel, s ez óriás testben mily fájó az emberi átom!
Taréjuk véresen ing még, levágott farkuk vonaglik
bús tartományokban, és feszülő, páncélos karjuk
vergődő kis nemzet-férgeket
szorít kegyetlen.

Várj és nézz! Már sok szörny harctere volt ez a föld
a mesés halgyíkoktól a veszedelmes istenekig
és a türelmetlen szektákon át, míg ezek eljöttek
s fölfaltak szektákat és isteneket.

Ők is meghalnak egyszer. Légy büszke, kis átom,
legkisebb s legnagyobb! alfa és ómega te,
minden szörnyek bölcsője s temetője.
Te bennük vagy, de ők is tebenned, ki szörnyeid
magadból alkotod s magadért. Széthullanak ők
de te maradsz, hulláikból építve jövőd
harcainak új s új fálánkszait.

Óh tennen halandó hadaid rabja - mert az Ember harcainak
egynapos hadai csupán e nemzetek - óh lelkes átom,
ki messzebb látsz a testnél, melynek átoma vagy!
Tűrj és nézz! Élj és halj ha kell! Pusztulj és maradj!
Légy hű és légy szabad! Gondolj a madarakra,
kik hívek a fához, mely fészküket adja,
s mégis kilátnak, kiszállnak a légi magasba!
Két hazában otthonosok: polgárai a fáknak
s együtt örök polgárai mind égnek és szabadságnak.

Balogh Krisztina
(1973 Várpalota -)

Az ősz fázósan ropog...

Az ősz fázósan ropog
A lábaim nyomán lucskosan tocsog.
Még nem tudom, kivel osszam meg,
Ahogy egy fancsali képű macska rám kacag,

Hogy nem sír, hogy nem fúj, mert nem mer,
Érzi rajtam a hosszan múló, izzó nyarat,
Amit emlékezetem magányosan kutat.
Kopogva zeng a kő nehéz lépteim alatt.

A nyirkos levelek sikoltva csusszannak
A talpam árnyékából rideg menedékbe,
A kutyák az utcán sorban megugatnak,

A kerítésdrótnak nekifeszülve.
Hitehagyó, kihűlő lelkemen lassan,
Mint arcomon fagyos harmat gördül le.

Csak szépet, szépen

Csak szépet szabadna leírni,
Csak mindég a legszebbeket.
Mint alvó gyermek mosolyából
Télbe páráló lehelet.

Mindent szépen kellene írni,
Hogy amíg olvasol, örülj.
Versem mellé máskor is csak
Elgyönyörködni települj.

Én mindég a legszebbről írnék,
De jaj, az élet nem ilyen.
A szomorúság annyival több,
Mint egy rózsa, száz tövisen.

A szépről írnék, nagyon szépet,
Hogyha nagyon szomorkodol,
Vígasztaljanak verseim meg,
Ha rájuk találsz valahol.

Arany versére rátaláltam
És lelkem benne megmerült.
Gyermekkorom tündérvilága
Ágyam szélére települt.

A megtalált álomszép versnek,
Úgy csengtek, bongtak szavai,
Mint nyiladozó kikeletnek
Igéző madárdalai.

Sok szép verset kellene írni,
Amit nem ront le az idő
És tiszta fénnyel tündökölni
Századok ködein elő!

Szívből szívbe
- Cs.-nak, ünnepedre -

Írnék én neked komolyan,
    Ahogy a szív beszél,
De lásd az életünk olyan,
    Mint a kalandregény.

Néha a fordulat komor.
    Válságmagot szór szét.
Ám keletről felhőt sodor,
    S új magvat hint a szél.

Kívánom, örökké érezd,
Mi szívből szívbe látogat!
    Tisztító esővel feléled,

Szeretet földjéből sarjad,
Szikrákat izzó szenvedéllyel,
    S féltékenyen nem válogat!

Néha úgy segít

A lábaim előtt,
Mint a kavics gurul,
Az arcomról pedig
Cseppenként lehull
Mind az a fájdalom,
Mi bennem összegyűlt
Félelemmel szőni
Tele a jeges űrt.

Mi történt?
Mit tettél ma?
Ültettél tán magot?
Jó föld várta?
Megöntözted?
Mint a földművelő?
Vagy elhajítottad,
Hátha így is kinő?

Az egyetlen igazság
Maga a szeretet.
Ha beragyogja
Egész életed,
Megjönnek tőle
Az egyszerű szavak,
De néha úgy segít,
Hogy magadra hagy.

Elvesz, majd visszaad,
Hogy éld meg, könnyű vagy.

Bódás János
(1905 Tác – 1987 Székesfehérvár)

Ki van jelölve a helyed

Azért van síró, hogy vigasztald,
és éhező, hogy teríts asztalt.
Azért van seb, hogy bekösse kezed.
Vak, elhagyott azért van, hogy vezesd.
Azért van annyi árva, üldözött,
hogy oltalmat leljen karod között.
Azért roskadnak más vállai,
hogy terhüket te segítsd hordani.
Az irgalmat kínok fakasztják,
s mélység felett van csak magasság.
Ha más gyötrődik, vérzik, szenved,
azért van, hogy te megmutathasd:
mennyi szeretet van benned.

Megmutattad-e néha legalább?
Enyhült, s szépült-e tőled a világ?
Vagy tán kezedtől támadt foltra folt?
Ott is, hol eddig minden tiszta volt?

Ki vagy? Vigasznak, írnak szántak,
menedéknek, oszlopnak, szárnynak.
Ki van jelölve a helyed,
ne nyugodj, míg meg nem leled.
Csak ott leszel az, aminek
rendeltettél. – Másként rideg,
céltalan lesz az életed.
Mag leszel, mely kőre esett,
elkallódott levél leszel,
mely a címzetthez nem jut el.
Gyógyszer, ami kárba veszett,
mit soh'se kap meg a beteg.
Rúd leszel, de zászlótalan,
kalász leszel, de magtalan,
cserép, amiben nincsen virág,
s nem veszi hasznod sem az ég,
sem a világ.

Burns, Robert
(1759 Alloway – 1796 Dumfries)

Az árpaföldön

Augusztus első éjjelén
- az árpa sárga volt már -
szép Annimhoz lopództam én
tündöklő teliholdnál.
Gyorsan röpült az éjszaka,
és hajnal közeledtén
Rávettem, kísérjen haza
az árpaföldi mezsgyén.

Kék volt az ég, a hold sütött,
a szellő is pihent, s én
gyöngéden lefektettem őt
az árpaföldi mezsgyén.
Tudtam, hogy őszintén szeret,
mint én őt, s megkeresvén
ajkát, csók csókot követett
az árpaföldi mezsgyén.

Átöleltem, s megállani tűnt
szívverése; szeretném
megáldani boldog helyünk
az árpaföldi mezsgyén!
Holdról, csillagokról soha
nem hullt a földre szebb fény!
Két szív ád, boldog éjszaka
az árpaföldi mezsgyén.

Nemegyszer felhangolt a sör
s a cimborák körültem;
pénzhez jutni, az is gyönyör,
eszméknek is örültem.
De hogyha mindazt, ami kéj,
akár meghétszerezném,
nem ér föl véled, boldog éj
az árpaföldi mezsgyén.

KÓRUS
Zabföld és árpaföld,
sárguló árpatábla,
ma is emlékszem Annira
s a boldog éjszakára.

(Kálonky László)

The rigs o'barley
Burns Original

Chorus
Corn rigs, an' barley rigs,
An' corn rigs are bonie:
I'll ne'er forget that happy night,
Amang the rigs wi' Annie.
1.
It was upon a Lammas night,
When corn rigs are bonie,
Beneath the moon's unclouded light,
I held awa to Annie;
The time flew by, wi' tentless heed;
Till, 'tween the late and early,
Wi' sma' persuasion she agreed
To see me thro' the barley.
2.
The sky was blue, the wind was still,
The moon was shining clearly;
I set her down, wi' right good will,
Amang the rigs o' barley:
I ken't her heart was a' my ain;
I lov'd her most sincerely;
I kiss'd her owre and owre again,
Amang the rigs o' barley.
3.
I lock'd her in my fond embrace;
Her heart was beating rarely:
My blessings on that happy place,
Amang the rigs o' barley.
But by the moon and stars so bright,
That shone that hour so clearly!
She ay shall bless that happy night
Amang the rigs o' barley.
4.
I hae been blythe wi' comrades dear;
I hae been merry drinking;
I hae been joyfu' gath'rin gear;
I hae been happy thinking:
But a' the pleasures e'er I saw,
Tho' three times doubl'd fairly --
That happy night was worth them a',
Amang the rigs o' barley.

Csanádi György
(1895 Székelyudvarhely – 1952 Budapest)

Székely Himnusz

Ki tudja merre, merre visz a végzet
Göröngyös úton, sötét éjjelen.
Vezesd még egyszer győzelemre néped,
Csaba királyfi csillagösvényen.

Maroknyi székely porlik, mint a szikla
Népek harcának zajló tengerén.
Fejünk az ár, jaj, százszor elborítja,
Ne hagyd elveszni Erdélyt, Istenünk!

Ameddig élünk magyar ajkú népek
Megtörni lelkünk nem lehet soha
Szülessünk bárhol, világ bármely pontján
Legyen a sorsunk jó vagy mostoha.

Maroknyi székely porlik, mint a szikla
Népek harcának zajló tengerén.
Fejünk az ár, jaj, százszor elborítja,
Ne hagyd elveszni Erdélyt, Istenünk!

Már másfélezer év óta Csaba népe
Sok vihart élt át, sorsa mostoha
Külső ellenség jaj, de gyakran tépte
Nem értett egyet otthon sem soha.

Maroknyi székely porlik, mint a szikla
Népek harcának zajló tengerén.
Fejünk az ár, jaj, százszor elborítja,
Ne hagyd elveszni Erdélyt, Istenünk!

Keserves múltunk, évezredes balsors
Tatár, s török dúlt, labanc rabigált
Jussunk e honban, Magyar Székelyföldön
Szabad hazában élni boldogan.

Maroknyi székely porlik, mint a szikla
Népek harcának zajló tengerén.
Fejünk az ár, jaj, százszor elborítja,
Ne hagyd elveszni Erdélyt, Istenünk!

Hős szabadságát elveszti Segesvár
Mádéfalvára fájón kell tekints
Földed dús kincsét népek élik s dúlják
Fiaidnak sokszor még kenyérre sincs.

Maroknyi székely porlik, mint a szikla
Népek harcának zajló tengerén.
Fejünk az ár, jaj, százszor elborítja,
Ne hagyd elveszni Erdélyt, Istenünk!

Édes Szűzanyánk,könyörögve kérünk,
Mentsd meg e népet,vérző Nemzetet,
Jussunk e Honban, magyar-székely földön
Szabad hazában éljünk boldogan!

Maroknyi székely porlik mint a szikla,
Haláligában meggyötörten él,
Szemünk a korbács százszor eltalálja,
Ne hagyd elveszni Erdélyt, Istenünk!

Csanádi Imre
(1920 Zsámoly – 1991 Budapest)

Kelekótya április

Hónapok bolondja!
Lobog a felhők
vad rongya.
Hol süt, hol esik,
hol kalap kerekezik.
Bimbóra ring a lepke:
hóba hanyatlik, fergetegbe.
Méhecskének dermed szárnya:
fölenged a napsugárra.
Április, április:
Arany fény is, zápor is.
Forrón ölelget,
dérrel diderget.
Tavasz mégis, kikelet:
birkózza le a Telet
Tavasz ő,
Nyarat hoz -
csak egy kicsit kolontos.

Karácsony fája

A Karácsony akkor szép,
hogyha fehér hóba lép -
nem is sárba, latyakba…
Ropog a hó alatta.

Hegyek hátán zöld fenyő,
kis madárnak pihenő -
búcsúzik a madártól,
őzikétől elpártol.

Beszegődik, beáll csak
szép karácsony fájának -
derét-havát lerázza,
áll csillogva, szikrázva.

Ahány csengő: csendüljön,
ahány gyerek: örüljön,
ahány gyertya: mind égjen,
karácsonyi szépségben.

Villásfarkú fecskemadár,
jaj de régen várunk!
Kis ibolya, szép hóvirág,
kinyíllott már nálunk.

Fátyolszárnyú kis méhecskék
zúgva-zengve szállnak,
tarka lepkék, kék legyecskék
ide-oda járnak.

Rózsa, rózsa, piros rózsa
nyitogatja kelyhét,
itt a tavasz, lessük, várjuk
a csicsergő fecskét!

Nyármarasztaló

Szól a rigó: de jó,
Érik a dió,
Millió,
Millió!
Útra kel a fecske,
Jajgat a fürjecske:
Pitypalatty,
Pitypalatty,
Nyár, nyár,
Itt maradj!

Domokos Pál Péter
(1901 Csíksomlyó – 1992 Budapest)

Keserves anyának keserves gyermeke

Keserves anyának keserves gyermeke,
Kinek a világon nem volt szerencséje,
Volt nekem szerencsém, volt nekem szerencsém,
Búhoz s a bánathoz s a fekete gyászhoz.

Úgy elmenek, meglássátok, hírem sohase halljátok!
Mikor híremet halljátok, levelemet olvassátok,
Levelemet olvassátok, patkóm nyomát vigyázzátok,

(s) Hol eléje menek, még a fák is sírnak,
Gyenge ágaikról levelek lehullnak.
Hulljatok levelek, takarjatok engem,
Me t az én édesem sírva keres éngem.

Sirass rózsám, sirass, ha még előtted látsz,
Mert míg nálam vótál, ollyan vót két orcád,
Olyan vót kér orcád, mint kér piros ruha,
Most ollyan kér orcád, mint a fejér ruha.

Fecském, fecském, édes fecském, vidd el az én levelecském,
Vidd el arra a messzi helyre, tedd az anyám kebelire!
Ha megkérdi, hogy ki küldte, kinek a póstája vitte,
Mondd meg néki, hogy én küldtem, messzünet az idegenből!

Menyecske, menyecske

Menyecske, menyecske,
Megmondtam az este,
Megmondtam az este:
Ne menj a cserésbe!

Me megmar az kígyó
Szerelem képibe.
Me megmar az kígyó
Szerelem képibe.

Menyecske, menyecske,
Tükör a tűzhelye,
Tégla ja padalja,
Papíros a padja.

Papíros a padja,
Csillag az asztala.
Papíros a padja,
Csillag az asztala.

(Domokos Pál Péter gyűjtései)

Gárdonyi Géza
(1863 Gárdony-Agárdpuszta – 1922 Eger)

– Az Újszövetség Könyve elé –

Írás a Bibliába

Ez a könyv a könyvek könyve,
Szegény ember drágagyöngye.
Égi harmat lankadtaknak,
Világosság földi vaknak.
Bölcsességnek arany útja:
Boldog, aki rátalál!
Szomjas lelkek forrás-kútja,
Hol pohárral Krisztus áll.

Ez a könyv az örök törvény,
Királyon lánc, rabon napfény,
Tévelygőnek hívó harang,
Roskadónak testvéri hang.
Elhagyottnak galambbúgás,
Viharvertnek ereszet,
Haldoklónak angyalsúgás:
„Ne félj: fogd a kezemet”

Gyermeknek is: „Mily szép rege”,
Bölcsnek: „Rejtelmek tengere!”
Fal, – s túl rajta élő hangok,
Köd, s benn zengő hárfák, lantok.
Templomok közt legszebb templom:
Csak megnyitom s benn vagyok.
Ablakán a Paradicsom
Rózsáira láthatok.

Minden fakul, minden romlik,
Márványvár is összeomlik.
Bíborleplek ronggyá málnak,
Dicsőségek füstbe szállnak.
Csak ez a könyv nem tér porba,
Mintha volna élő lelke!…
Ez a könyv a Mózes bokra:
Isten szíve dobog benne.

Goethe, Johann Wolfgang von
(1749 Frankfurt – 1832 Weimar)

<table>
<tr><td>

Vadrózsa

Rózsát lát meg egy legény,
vadrózsát a réten;
szép, akár a hajnalfény,
fut a fiú könnyedén:
erre vágyik régen.
Piros rózsa, rózsaszál,
vadvirág a réten.

Fiú szól: Letörlek én,
vadvirág a réten!
Rózsa szól: Megszúrlak én,
nyúlhatsz százszor is felém:
nem szakítsz le mégsem!
Piros rózsa, rózsaszál,
vadvirág a réten.

A fiú letépi már
a rózsát a réten:
Jajgat, szúr a rózsaszál,
tolvajával szembeszáll,
nem menekszik mégsem…
Piros rózsa, rózsaszál,
vadvirág a réten.

</td><td>

Heidenröslein

Sah ein Knab ein Röslein stehn,
Röslein auf der Heiden,
War so jung und morgenschön,
Lief er schnell, es nah zu sehn,
Sahs mit vielen Freuden.
Röslein, Röslein. Röslein rot,
Röslein auf der Heiden.

Knabe sprach: Ich breche dich,
Röslein auf der Heiden!
Röslein sprach: Ich steche dich,
Daß du ewig denkst an mich,
Und ich wills nicht leiden.
Röslein, Röslein. Röslein rot,
Röslein auf der Heiden.

Und der wilde Knabe brach
s Röslein auf der Heiden;
Röslein wehrte sich und stach,
Half ihm doch kein Weh und Ach,
Mußt es eben leiden.
Röslein, Röslein. Röslein rot,
Röslein auf der Heiden.

</td></tr>
</table>

Heltai Gáspár
(1490 Heltau – 1575 Kolozsvár)

Sokszor kértem én az Istent...

Sokszor kértem én az Istent nagy szívem szerint,
Hogy mutasson társot nékem ez világ szerint,
Kivel holtig együtt éljek az Isten szerint.

Társul áda az Úristen téged énnékem,
Hogy te lennél nyavalyámban nagy segítségem,
Mindenekben ékességem, nagy tisztességem

Keresztyéni panaszolkodás és intés

Ember, emléközzél végedről
És bizontalan időjedről.

Miért élsz olyan nagy kevélségbe,
Pompaságba és döllyeségbe?

Mind Istent s mind embert utálván
Előmenvén nagy bátorságban?

Mindent gyalázsz és szidalmazod,
Minden háborúra adsz okot.

Mert te minden embert meggugolsz
Noha majd s ezennel leomolsz.

Mert kevés múlva meg kell halnod
S a férgökkel leszen lakásod.

Por vagy és hertelen elmúló,
Csak árnyék és füst, mely nem álló.

Felneveködél mint egy virág
És hamar léssz, mint egy asszú ág.

Lassan-lassan elorozkodol
És hamar minden időd elfoly.

A te napid megszámláltattak
Határid is rendelve vadnak.

Uradtól és bölcs Istenedtől.
Azért ebbe egyebet ne völj.

Színetlen elkullag a halál,
Megöl mindent, valakit talál,

Mind az gazdagot s mind a szegényt,
Nem kímíl sem nagyot, sem kicsént.

Mindegy néki a szegény koldus
A kegyetlen és hatalmas dús.

És ezért meggondold, te ember,
És teljes életedben légy jámbor.

És végedről elmélködjél mind
Így eltávoztatod a sok bűnt.

Aki siet hamar Istenhöz,
S életet igaz hitbe végöz:

Ez halottaiból támad fel
És mennyországba örökké él.

Hogy a halál nem fél sem hatalomtól, sem erőtől, sem tudománytól

Nem gondol a halál senkivel
Sem gazdaggal, sem kegyetlennel:

Nem a pörlőknek esküvésekkel
Sem a patvarkodóknak nyelvekkel.

Nem gondol senki bölcseségével
Sem okossággal, vagy sebes ésszel;

Nem az uraknak fenyítésekkel
Sem a döllyeseknek haragjával.

Nem gondol a gyenge leányokkal,
Sem a szép cifrás asszonynépekkel.

Nem gondol sem naggyal, sem kicsiddel,
Nem marhással, avagy szegénnyel.

Elsiet ő a császár házába,
Mint a szegén s hitván pásztoréba.

Hol vadnak most mindnyájan a pápák,
A kardinálok és pátriárkák?

Hol vadnak mindnyájan az érsekek,
A prelátusok és pispekek?

A prépostok és kanonokok,
A dékánok és vikáriusok?

Hol vadnak a gazdag apáturak,
A priorok és gárgyának?

Hol a mester és a doktorok,
És a számtalanféle barátok?

Hová löttek el a sok császárok,
És a számtalan nagy sok királyok?

A külemb-külemb fejedelmek,
És a telhetetlen nemesek?

Hol vadnak az igen kevély grófok?
És a hamis kancelláriusok?

Hová löttek a kegyetlen dúsok?
A hírneves s a nemes vitézek?

Hol vadnak a bírák és polgárok,
A művesek és szántó emberek?

Hol gyermek, leány és asszonyállat
És hol az egész emberi nemzet?

Hol immár Páris s szép Heléna,
Hol Tarquinius és Lukrécia?

Hol vagyon Plátó és Porphyrius,
A bölcs Tullius és Virgilius?

Hol vagyon Thales és Empedokles,
És a nagy mester, Aristoteles?

Hol a nagy és erős Alexander,
És az igen bátorságos Hektor?

Hol a drága császár, Julius,
Hol a vitézek: Akhilles s Priamus?

Hová lött el az igen erős Sámson,
Az eszes és igen bölcs Salamon?

Mindnyájan odavadnak s megholtak,
Egy sem meniködett meg közülek.

Minden embereknek kell követni
Ezeket, és ekképpen meghalni.

Minden ember ezen megálljon
És a halálhoz igen készüljen.

1553.

Henrik Johan Ibsen
(1828 Skien – 1906 Christiana)

Vége

Mind kikísértük,
elment a vendég;
szavuk a szellők
már elkeverték.

Most tompa csend van,
Hol énekeltél.
Sötét a kert lenn,
Sötét az erkély.

Rövid akkord volt,
Egy kósza ábránd!
Vendég, ki jött és –
Aztán tovább állt.

(Kosztolányi Dezső)

Gone

The last, late guest
To the gate we followed;
Goodbye -- and the rest
The night-wind swallowed.

House, garden, street,
Lay tenfold gloomy,
Where accents sweet
Had made music to me.

It was but a feast
With the dark coming on;
She was but a guest --
And now, she is gone.

(Fydell Edmund Garrett)

Borte!

De sidste gæster
vi fulgte til grinden;
farvellets rester
tog nattevinden.

I tifold øde
lå haven og huset,
hvor toner søde
mig nys berused.

Det var en fest kun,
før natten den sorte;
hun var en gæst kun, –
og nu er hun borte.

(Norwegian)

Illyés Gyula
(1902 Sárszentlőrinc – 1983 Budapest)

Szörnyű fegyver

Minden ütésed, átkod
Hiába ellenem.
Szörnyű a fegyverem:
A végén megbocsátok.

Szennyes sikátorok tövén

Berohantam a kapualjba,
homlokomon és mellemen
szúró cseppekben hirtelen
kiütközött a rémület –
az égre néztem, társaim
rohanó lépte és rekedt
fegyverek csahintásai
verték szivem. Fejem felett
izzottak messzi csillagok.

Távoli korok, ti ózondús,
vihar utáni tág idők!
kiknek jöttében úgy hiszek,
emlékezzetek majd reánk!
emlékezzetek, férfiak, ránk,
s ti jövő boldog lányok is,
szennyes sikátorok tövén
lopakodtunk mi itt előre
szétszórva, félve, remegő
kezünk kapkodó kézfogása
meleg, foganást kereső
szerelem volt, ölelkezés –

erős lelketek szülője!

Növekvő szél

Nyerítve futnak a táj felett a felhők!
Lángkarikás csattan, a csillag-göröngyön
feldörög egy szekér, fordul – felkiáltok,
verj a lovak közé, hajrá, Dózsa Györgyöm.

Menekülj, mentsd magad! – Pocsolyák fröccsennek,
tüzes levük a vén kocsis arcába vág,
hátra és hátranéz, mögötte hajrázva
uszítja Zápolya százezer csahosát.

Leválnak a lőcsök, bukik a saroglya,
Dózsa gyeplőszárral veri a lovakat,
tört szekéren egymás nyakába karolva
ezt képzelem, szikár legények hajlanak

előre és hátra szédült részegségben
és közöttük állva én, én énekelek!
Századok egén így láthattok majd, lantos
ujjaimról tüzes pacsirták ömlenek.

Az út keletre tart, dalom az úszó por,
hogyha berekedek megitat majd a hold,
szél zúgja tanácsát, bosszulatlan holtak,
eltemetett élők hörgéseit dalold.

Varjú veri szárnyát még sűrű fürtömben
s mélyeszti konokul karcsú kemény horgát.
A kis állat, amely hasonfekve issza
az Ádriát, ránknéz egyszer Magyarország.

Ujjaim begyéből vért vágok eléje,
fölkel a kis állat, lerázza terheit.
Hajnalt abrakol majd, kocsink elé fogjuk,
nyerítve röpíti a nap vőfélyeit.

Jékely Zoltán
(1913 Nagyenyed – 1982 Budapest)

A marosszentimrei templomban

Fejünkre por hull, régi vakolat,
így énekeljük a drága Siont;
egér futkározik a pad alatt
s odvából egy-egy vén kuvik kiront.
Tízen vagyunk: ez a gyülekezet,
a tizenegyedik maga a pap,
de énekelünk mi százak helyett,
hogy hull belé a por s a vakolat,
a hiuban a denevér riad
s egy-egy szuvas gerenda meglazul:
tizenegyedikünk az árva pap,
tizenkettedikünk maga az Úr.
Így énekelünk mi, pár megmaradt
– azt bünteti, akit szeret az Úr –,
s velünk dalolnak a padló alatt,
kiket kiírtott az idő gazul.

Apa-váró

Nagyenyed, 1920
Kapuban állva, kisfiu, mezítláb,
piszkál lábujjal százlábut, gilisztát;
hosszan bámul pókhálót, hangyajárást,
hogy könnyebbé bűvölje azt a várást…
És végre csengő, áldott kis-harangszó,
megváltón s meg-megszázszorozva hangzó,
hogy elfeledkezik minden bajáról!
Mert a Kollégjum kapuja kitárul,
s az utca végén, fölnyesett, nyakigláb
akácok alján ott-terem, akit várt,
és jön-jön, hosszú léptekkel sietve,
hóna alatt száz dolgozat-füzettel.
Olyan nagy már, az árnyékból kibomlón,
mint egy órjás, tán ő maga a templom;
elől keskenyre gyűrt vadászkalapja
magasabb, mint a nagy torony sisakja –
És elborítja, mint valami felleg:
mily pöttöm ő roppant alakja mellett!
S most lehajol s félkarral ölbekapja:
mint az Isten, olyan erős az Apja.

József Attila
(1905 Budapest – 1937 Balatonszárszó)

Altató

Lehunyja kék szemét az ég,
lehunyja sok szemét a ház,
dunna alatt alszik a rét -
aludj el szépen, kis Balázs.

Lábára lehajtja fejét,
alszik a bogár, a darázs,
velealszik a zümmögés -
aludj el szépen, kis Balázs.

A villamos is aluszik,
- s mig szendereg a robogás -
álmában csönget egy picit -
aludj el szépen, kis Balázs.

Alszik a széken a kabát,
szunnyadozik a szakadás,
máma már nem hasad tovább -
aludj el szépen, kis Balázs.

Szundít a lapda, meg a sip,
az erdő, a kirándulás,
a jó cukor is aluszik -
aludj el szépen, kis Balázs.

A távolságot, mint üveg
golyót, megkapod, óriás
leszel, csak hunyd le kis szemed, -
aludj el szépen, kis Balázs.

Tüzoltó leszel s katona!
Vadakat terelő juhász!
Látod, elalszik anyuka. -
Aludj el szépen, kis Balázs.

Hazám

1

Az éjjel hazafelé mentem,
éreztem, bársony nesz inog,
a szellőzködő, lágy melegben
tapsikolnak a jázminok,

nagy, álmos dzsungel volt a lelkem
s háltak az uccán. Rám csapott,
amiből eszméltem, nyelvem
származik s táplálkozni fog,

a közösség, amely e részeg
ölbecsaló anyatermészet
férfitársaként él, komor

munkahelyeken káromkodva,
vagy itt töpreng az éj nagy odva
mélyén: a nemzeti nyomor.

2

Ezernyi fajta népbetegség,
szapora csecsemőhalál,
árvaság, korai öregség,
elmebaj, egyke és sivár

bűn, öngyilkosság, lelki restség,
mely, hitetlen, csodára vár,
nem elegendő, hogy kitessék:
föl kéne szabadulni már!

S a hozzáértő dolgozó
nép gyülekezetében
hányni-vetni meg száz bajunk.

Az erőszak bűvöletében
mint bánja sor törvényhozó,
hogy mint pusztul el szép fajunk!

3

A földesúr, akinek sérvig
emeltek tönköt, gabonát,
csákányosokkal puszta tért nyit,
szétveret falut és tanyát.

S a gondra bátor, okos férfit,
ki védte menthetlen honát,
mint állatot terelni értik,
hogy válasszon bölcs honatyát.

Cicáznak a szép csendőrtollak,
mosolyognak és szavatolnak,
megírják, ki lesz a követ,

hisz „nyiltan" dönt, ki ezer éve
magával kötve mint a kéve,
sunyít vagy parancsot követ.

4
Sok urunk nem volt rest, se kába,
birtokát óvni ellenünk
s kitántorgott Amerikába
másfél millió emberünk.

Szíve szorult, rezgett a lába,
acsargó habon tovatűnt,
emlékezően és okádva,
mint aki borba fojt be bűnt.

Volt, aki úgy vélte, kolomp szól
s társa, ki tudta, ily bolondtól
pénzt eztán se lát a család.

Multunk mind össze van torlódva
s mint szorongó kivándorlókra,
ránk is úgy vár az új világ.

5
A munkásnak nem több a bére,
mint amit maga kicsikart,
levesre telik és kenyérre
s fröccsre, hogy csináljon ricsajt.

Az ország nem kérdi, mivégre
engedik meggyűlni a bajt
s mért nem a munkás védelmére
gyámolítják a gyáripart.

Szövőlány cukros ételekről
álmodik, nem tud kartelekről.
S ha szombaton kezébe nyomják

a pénzt s a büntetést levonják:
kuncog a krajcár: ennyiért
dolgoztál, nem épp semmiért.

6
Retteg a szegénytől a gazdag
s a gazdagtól fél a szegény.
Fortélyos félelem igazgat
minket s nem csalóka remény.

Nem adna jogot a parasztnak,
ki rág a paraszt kenyerén
s a summás sárgul, mint az asztag,
de követelni nem serény.

Ezer esztendő távolából,
hátán kis batyuval, kilábol
a népségből a nép fia.

Hol lehet altiszt, azt kutatja,
holott a sírt, hol nyugszik atyja,
kellene megbotoznia.

7
S mégis, magyarnak számkivetve,
lelkem sikoltva megriad -
édes Hazám, fogadj szivedbe,
hadd legyek hűséges fiad!

Totyogjon, aki buksi medve
láncon - nekem ezt nem szabad!
Költő vagyok - szólj ügyészedre,
ki ne tépje a tollamat!
Adtál földmívest a tengernek,
adj emberséget az embernek.
Adj magyarságot a magyarnak,

hogy mi ne legyünk német gyarmat.
Hadd írjak szépet, jót - nekem
add meg boldogabb énekem!

Óda

1
Itt ülök csillámló sziklafalon.
Az ifju nyár
könnyű szellője, mint egy kedves
vacsora melege, száll.
Szoktatom szívemet a csendhez.
Nem oly nehéz -
idesereglik, ami tovatűnt,
a fej lehajlik és lecsüng
a kéz.
Nézem a hegyek sörényét -
homlokod fényét
villantja minden levél.
Az úton senki, senki,
látom, hogy meglebbenti
szoknyád a szél.
És a törékeny lombok alatt
látom előrebiccenni hajad,
megrezzenni lágy emlőidet és
- amint elfut a Szinva-patak -
ím újra látom, hogy fakad
a kerek fehér köveken,
fogaidon a tündér nevetés.

2
Óh mennyire szeretlek téged,
ki szóra bírtad egyaránt
a szív legmélyebb üregeiben
cseleit szövő, fondor magányt
s a mindenséget.
Ki mint vízesés önnön robajától,
elválsz tőlem és halkan futsz tova,
míg én, életem csúcsai közt, a távol
közelében, zengem, sikoltom,
verődve földön és égbolton,
hogy szeretlek, te édes mostoha!

3
Szeretlek, mint anyját a gyermek,
mint mélyüket a hallgatag vermek,
szeretlek, mint a fényt a termek,
mint lángot a lélek, test a nyugalmat!

Szeretlek, mint élni szeretnek
halandók, amíg meg nem halnak.

Minden mosolyod, mozdulatod, szavad,
őrzöm, mint hulló tárgyakat a föld.
Elmémbe, mint a fémbe a savak,
ösztöneimmel belemartalak,
te kedves, szép alak,
lényed ott minden lényeget kitölt.

A pillanatok zörögve elvonulnak,
de te némán ülsz fülemben.
Csillagok gyúlnak és lehullnak,
de te megálltál szememben.
Ízed, miként a barlangban a csend,
számban kihűlve leng
s a vizes poháron kezed,
rajta a finom erezet,
föl-földereng.

4
Óh, hát miféle anyag vagyok én,
hogy pillantásod metsz és alakít?
Miféle lélek és miféle fény
s ámulatra méltó tünemény,
hogy bejárhatom a semmiség ködén
termékeny tested lankás tájait?

S mint megnyílt értelembe az ige,
alászállhatok rejtelmeibe!...

Vérköreid, miként a rózsabokrok,
reszketnek szüntelen.
Viszik az örök áramot, hogy
orcádon nyíljon ki a szerelem
s méhednek áldott gyümölcse legyen.
Gyomrod érzékeny talaját
a sok gyökerecske át meg át
hímezi, finom fonalát

csomóba szőve, bontva bogját -
hogy nedűid sejtje gyűjtse sok raját
s lombos tüdőd szép cserjéi saját
dicsőségüket susogják!

Az örök anyag boldogan halad
benned a belek alagútjain
és gazdag életet nyer a salak
a buzgó vesék forró kútjain!

Hullámzó dombok emelkednek,
csillagképek rezegnek benned,
tavak mozdulnak, munkálnak gyárak,
sürög millió élő állat,
bogár,
hinár,
a kegyetlenség és a jóság;
nap süt, homályló északi fény borong -
tartalmaidban ott bolyong
az öntudatlan örökkévalóság.

5
Mint alvadt vérdarabok,
úgy hullnak eléd
ezek a szavak.
A lét dadog,
csak a törvény a tiszta beszéd.
De szorgos szerveim, kik újjászülnek
napról napra, már fölkészülnek,
hogy elnémuljanak.

De addig mind kiált -
Kit két ezer millió embernek
sokaságából kiszemelnek,
te egyetlen, te lágy
bölcső, erős sír, eleven ágy,
fogadj magadba!...

(Milyen magas e hajnali ég!
Seregek csillognak érceiben.
Bántja szemem a nagy fényesség.
El vagyok veszve, azt hiszem.
Hallom, amint fölöttem csattog,
ver a szivem.)

6
(Mellékdal)
(Visz a vonat, megyek utánad,
talán ma még meg is talállak,
talán kihűl e lángoló arc,
talán csendesen meg is szólalsz:

Csobog a langyos víz, fürödj meg!
Ime a kendő, törülközz meg!
Sül a hús, enyhítse étvágyad!
Ahol én fekszem, az az ágyad.)

Születésnapomra

Harminckét éves lettem én -
meglepetés e költemény
    csecse
    becse:

ajándék, mellyel meglepem
e kávéházi szegleten
    magam
    magam.

Harminckét évem elszelelt
s még havi kétszáz sose telt.
    Az ám,
    Hazám!

Lehettem volna oktató,
nem ily töltőtoll koptató
    szegény
    legény.

De nem lettem, mert Szegeden
eltanácsolt az egyetem
    fura
    ura.

Intelme gyorsan, nyersen ért
a „Nincsen apám" versemért,
    a hont
    kivont

szablyával óvta ellenem.
Ideidézi szellemem
    hevét
    s nevét:

„Ön, amig szóból értek én,
nem lesz tanár e féltekén" -
    gagyog
    s ragyog.

Ha örül Horger Antal úr,
hogy költőnk nem nyelvtant tanul,
    sekély
    e kéj –

Én egész népemet fogom
nem középiskolás fokon
    taní-
    tani!

Mama

Már egy hete csak a mamára
gondolok mindíg, meg-megállva.
Nyikorgó kosárral ölében,
ment a padlásra, ment serényen.

Én még őszinte ember voltam,
ordítottam, toporzékoltam.
Hagyja a dagadt ruhát másra.
Engem vigyen föl a padlásra.

Csak ment és teregetett némán,
nem szidott, nem is nézett énrám
s a ruhák fényesen, suhogva,
keringtek, szálltak a magosba.

Nem nyafognék, de most már késő,
most látom, milyen óriás ő -
szürke haja lebben az égen,
kékítőt old az ég vizében.

Kányádi Sándor
(1929 Porumbenii Mari –)

Jön az ősz

Jön már az ismerős,
széllábú, deres ősz.
Sepreget, kotorász,
meg-megáll, lombot ráz.

Lombot ráz, diót ver,
krumplit ás, szüretel.
Sóhajtoz nagyokat
s harapja, kurtítja
a hosszú napokat.

Hallgat az erdő

Hallgat az erdő,
csöndje hatalmas;
mohát kapargat
benne a szarvas.

Mohát kapargat,
kérget reszelget.
Szimatol, szaglász,
cimpája reszket:
ura a két fül
minden kis nesznek.

Hallgat az erdő,
csöndje hatalmas;
kujtorog benne,
éhes a farkas.

Éhes a farkas,
éhében vesz meg.
Szimatol, szaglász,
horpasza reszket:
ura a két fül
minden kis nesznek.

Hallgat az erdő,
kajtat a farkas;
kérődzik csendben
s fülel a szarvas.
Hopp, most az ordas
orrát lenyomja,
s fölkapja menten:
rálelt a nyomra!

Szökken a farkas,
megnyúlik teste,
szökken, de éppen
ez lett a veszte.

Roppan a hó, s a
száraz ág reccsen,
ágyúlövésként
hallszik a csendben.
Roppan a hó, s a
száraz ág reccsen,
s már a szarvas sem
kérődzik resten:
ina, mint íjhúr
feszül és pendül,
teste megnyúlik:
futásnak lendül.

Nyelvét kiöltve
lohol a farkas,
messze előtte
inal a szarvas.

Zúzmara, porhó
porzik a fákról,
menti a szarvast
csillogó fátyol.

Horkan a farkas,
nyüszít és prüszköl,
nem lát a hulló,
porzó ezüsttől.

Nyomot vét. Kábán
leül a hóba,
kilóg a nyelve,
lelóg az orra.

Hallgat az erdő,
üvölt a farkas.
Kérődzik csendben
s fülel a szarvas.

Karinthy Frigyes
(1887 Budapest – 1938 Siófok)

Előszó

Nem mondhatom el senkinek,
Elmondom hát mindenkinek

Próbáltam súgni, szájon és fülön,
Mindnyájatoknak, egyenként, külön.

A titkot, ami úgyis egyremegy
S amit nem tudhat más, csak egy meg egy.

A titkot, amiért egykor titokban
Világrajöttem vérben és mocsokban,

A szót, a titkot, a piciny csodát,
Hogy megkeressem azt a másikat
S fülébe súgjam: add tovább.

Nem mondhatom el senkinek,
Elmondom hát mindenkinek.

Mert félig már ki is bukott, tudom
De mindig megrekedt a féluton.

Az egyik forró és piros lett tőle,
Ő is súgni akart: csók lett belőle.

A másik jéggé dermedt, megfagyott,
Elment a sírba, itthagyott.

Nem mondhatom el senkinek,
Elmondom hát mindenkinek.

A harmadik csak rámnézett hitetlen,
Nevetni kezdett és én is nevettem.

Gyermekkoromban elszántam magam,
Hogy szólok istennek, ha van.

De nékem ő égő csipkefenyérben
Meg nem jelent, se borban és kenyérben,

Hiába vártam sóvár-irigyen,
Nem méltatott reá, hogy őt higgyem.

Nem mondhatom el senkinek,
Elmondom hát mindenkinek.

Hogy fájt, mikor csúfoltak és kínoztak
És sokszor jobb lett volna lenni rossznak,

Mert álom a bűn és álom a jóság,
De minden álomnál több a valóság,

Hogy itt vagyok már és még itt vagyok
S tanuskodom a napról, hogy ragyog.

Én isten nem vagyok s nem egy világ,
Se északfény, se áloévirág.

Nem voltam jobb, se rosszabb senkinél,
Mégis a legtöbb: ember, aki él,

Mindenkinek rokona, ismerőse,
Mindenkinek utódja, őse,

Nem mondhatom el senkinek,
Elmondom hát mindenkinek.

Elmondom én, elmondanám,
De béna a kezem s dadog a szám.

Elmondanám, az út hová vezet,
Segítsetek hát, nyujtsatok kezet.

Emeljetek fel, szólni, látni, élni,
Itt lent a porban nem tudok beszélni.

A csörgőt eldobtam és nincs harangom,
Itt lent a porban rossz a hangom.

Egy láb mellemre lépett, eltaposta,
Emeljetek fel a magosba.

Egy szószéket a sok közül kibérlek,
Engedjetek fel lépcsőjére, kérlek.

Még nem tudom, mit mondok majd, nem én,
De úgy sejtem, örömhírt hoztam én.

Örömhírt, jó hírt, titkot és szivárványt
Nektek, kiket szerettem,
Állván tátott szemmel, csodára várván.

Amit nem mondhatok el senkinek,
Amit majd elmondok mindenkinek.

A költő

Rólam keresztelték el a világot,
Nekem zenélnek a Hét Csillagok,
Velem harcol az ördög, isten ellen
Hozzám sietnek a szép kisdedek.

Bennem feszül a kéj, fehéren izzó,
Belőlem buggyan aztán langyosan,
Rajtam cikázik át az úr haragja,
Teherben *tőlem* duzzadnak a fák.

Engem idéz, ki sóhajt itt e földön,
Felém rohan a parttalan dagály,
Miattam ránt kardot a büszke Bosszú
Mögöttem bűzlő véres bűnökért.

Előttem köd, *helyettem* senki, semmi,
Köröttem fény, *utánam* néma csönd -
És mégis minden *nélkülem* lesz és volt
És semmi nem történik *általam.*

Kasza Márton Lajos
(1939 Salgótarján –)

Van nálam valamid…

Van nálam valamid, ami csak te vagy.
Van nálam valamid, ami mindennél többet ér,
ami szent, amitől buzogni kezd a szívben a vér,
amiben nem buzdítható hazugságra a szó.
Van nálam valamid, ami soha el nem lopható,
amely örök a hangodban,
amelyben az életed s az álmod van.

Van nálam valamid, amit őrzök, amit féltek,
amit magamba falazva védek,
de mégis kitárlak a fénynek, a szélnek:
vigyenek, lássanak és telítődjön veled a nap -
mondják el, meséljenek, milyen a szemed, a hajad,
hangodból miként rögződnek zenébe a szavak…
És köszöntsenek, mert szerelmesek
egymás csókjába oly átható tüzet őrzök tőled,
amivel világgá oldod örömét a boldog szeretőknek.

Életút magasán lépkedsz, figyelik a lépted,
dobbanó szívek ütemében, mint húrból a hang, kicseng az élet.
Osztoznak kincseden az éhezők, a szomjazók -
szenttül hisznek, hiszik a megtalálható jót:
szíved örömében a hihető valót.
Suhanok melletted. Úton, útfélen
követ rendíthetetlen énem,
mert van valamim, ami a kincsed,
amit magamban néked őrzök,
de felmutatlak a szív, a lélek keresőknek,
újra és újra a vágtázó, örök időnek,
hogy megtalálják még minden őrízhetőt tőled.
Ó, kedvesem, viszlek már, viszlek hét-zárú
ünnepek közé, élő emlékeztetőnek…

Szerelmes ébresztő

Széttépte a hajnal függönyét a reggel. Megcsodálom,
amint melletted állok, alszol még és várom,
hogy rám nyisd két szemed fénylő sugarát...
Már simogatnám csókkal a szemed, a szád,
eper-piros ízét már úgy érezné a szám.
Ébredj!- a sietős reggel átosont a kisszobán.

Arcod selymén, bőröd bársonyán pihen szemem,
gyöngéden, mint a napsugár, megérint a kezem,
ébresztelek, virágos új nap szerelmes ünnepére,
álmok világából szerelmes élet szerelmére,
ha ébredsz, el nem engedő öleléssel adom át
megújuló vágyam, életünket szépítő mámorát.

Ágyunk körül táncol, tested öleli a besütő nap,
számon szemed színes tükrét dicsérik a szavak...
Te, idegenbe tévedt virágok virága, nézz szét:
Fényragyogásban életünk a legnagyobb érték,
az, aki most te vagy, aki veled most én vagyok,
az, amit a nyárban az élet kettőnknek megadott.

Tavaszi ütemek

Nézz fel az égre,
a kékre
és sétálj a napban,
ha ömlik a fény
és hallgasd a parkban,
hogy mit mesél halkan
a szél.
Nézd meg, hogy járnak
a társak
s hogy zöldül az
ágon a rügy
s a szíved a
dalra kitárod
s az éneket
énekled
együtt velük.

A föld újra friss
illatáról mesél,
és érzed a szélben,
a vérben,
hogy elmúlt a tél.
S az utcán,
a napban,
a ritmusos dalban

érzed az élet
új ütemét,
és elmondod százszor,
szebben mint máskor,
hogy bízni, remélni,
hogy élni be szép!

Egyszer ezt a népet...

Egyszer, ezt a népet testvérré emelte a hon.
Hogy lettek hát sors-dobált álmok bábjai a létnek?
Istenverte acsarkodások között, hogyan
fogadhatják el a feléjük nyújtott mérget?

Egyik jön, másik megy az országból,
ki pénzért, ki létért, és fut a nép, fut...
Végül, aki itt maradt, azoktól ki kérdezte
meg a kenyeret már nem termelő falut,

és nem kérdezték meg a munkást sem:
munka nélkül, tengve, hogyan él, mit csinál
a család? - amely már a puszta létéért spórol, kapar -
szorított ököllel, foggal a tehetetlen düh, de fáj, de fáj!

Zsebet ürítő hazugok és szemet kivájók hatalmát
érzi az ország - hiába választ a nép, nem tanul!
Kormányokat cserélget, de a gyomrát, a gyomrát,
nem tudja tűrőbbre cserélni, s mindent átkoz cudarul.

Léteznek még megszállottak. Ezek koldus énekeseit,
akiket egyforma sors nyomott a földre le,
ki vette észre őket, elzengett hangjuk himnuszában,
ki hallotta őket, hol besűrítve él még a Nemzet élete?

Az új kor mit hozott, az új nemzedék sorsa mit változott?
Európa? –Hazug ribanc volt mindég, és az is maradt.
Álljunk már egymás mellé végre, és szabjunk magunknak
utat: magyar út kell, idegenmentes a magyar Kárpátok alatt.

Kölcsey Ferenc
(1790 Sződemeter – 1838 Cseke)

Himnusz

Isten, áldd meg a magyart
Jó kedvvel, bőséggel,
Nyújts feléje védő kart,
Ha küzd ellenséggel;
Bal sors akit régen tép,
Hozz rá víg esztendőt,
Megbűnhődte már e nép
A múltat s jövendőt!

Őseinket felhozád
Kárpát szent bércére,
Általad nyert szép hazát
Bendegúznak vére.
S merre zúgnak habjai
Tiszának, Dunának,
Árpád hős magzatjai
Felvirágozának.

Értünk Kunság mezein
Ért kalászt lengettél,
Tokaj szőlővesszein
Nektárt csepegtettél.
Zászlónk gyakran plántálád
Vad török sáncára,
S nyögte Mátyás bús hadát
Bécsnek büszke vára.

Hajh, de bűneink miatt
Gyúlt harag kebledben,
S elsújtád villámidat
Dörgő fellegedben,
Most rabló mongol nyilát
Zúgattad felettünk,
Majd töröktől rabigát
Vállainkra vettünk.

Hányszor zengett ajkain
Ozman vad népének
Vert hadunk csonthalmain
Győzedelmi ének!
Hányszor támadt tenfiad
Szép hazám, kebledre,
S lettél magzatod miatt
Magzatod hamvvedre!

Bújt az üldözött, s felé
Kard nyúlt barlangjában,
Szerte nézett s nem lelé
Honját e hazában,
Bércre hág és völgybe száll,
Bú s kétség mellette,
Vérözön lábainál,
S lángtenger fölette.

Vár állott, most kőhalom,
Kedv s öröm röpkedtek,
Halálhörgés, siralom
Zajlik már helyettek.
S ah, szabadság nem virul
A holtnak véréből,
Kínzó rabság könnye hull
Árvák hő szeméből!

Szánd meg Isten a magyart
Kit vészek hányának,
Nyújts feléje védő kart
Tengerén kínjának.
Bal sors akit régen tép,
Hozz rá víg esztendőt,
Megbűnhődte már e nép
A múltat s jövendőt!

(1823)

Kosztolányi Dezső
(1885 Szabadka – 1936 Budapest)

Őszi reggeli

Ezt hozta az ősz. Hűs gyümölcsöket
üvegtálon. Nehéz, sötét-smaragd
szőlőt, hatalmas, jáspisfényü körtét,
megannyi dús, tündöklő ékszerét.
Vízcsöpp iramlik egy kövér bogyóról,
és elgurul, akár a brilliáns.
A pompa ez, részvéttelen, derült,
magába-forduló tökéletesség.
Jobb volna élni. Ámde túl a fák már
aranykezükkel intenek nekem.

Keresztúton

1
Sürgöny

Tán most esik meg éppen... Borzalom.
Röpül a vészhír a kis szikra szárnyán.
Egy pillanat, s már száll, mint hogyha látnám
az éjbe rezgő vékony fonalon.

Vadul süvölt mérföldek tengerén,
felnyög az ismeretlen, éji róna,
s a szikra, mint a puskacső golyója,
szívembe forog, s fut, rohan felém.

Látom magam. Perc múlva fölkelek,
sápadtan a rezgő ajtóba rontok,
egy szó átszúrja majd a szívemet.

Köröttem zűrzavar, sötét csoportok,
az arcom elsötétül, szám fehér,
meredten állok. És a hír elér.

2
Holnap

Az utca árnyán gubbasztok. Derül.
Fagyos szelek zúgnak, vacogva félek,
s szeretném megragadni még az éjet,
de jő a holnap kérlelhetetlenül.

Vak sejtelem, hagymázos félelem
csap lázban égő, fájó homlokomra,
valami súgja, hogy még meghalok ma,
és futni vágyom bőszen, esztelen.

Kék szikra serked az ég peremén,
egy láthatatlan árnyék karja megkap,
jön a derűs ma, s meghalt már a tegnap.

Múl az idő, s csak állok tétlen én,
a fény a tájon nagy csíkokba szétfolyt
s a tarjagos ég arca csupa vérfolt.

Lőrincz Károly
(1942 Gyergyótölgyes –)

Pünkösdi rózsák

Nyílnak a rózsák Pünkösd hajnalán,
az én jó anyám kertjében és udvarán.
Olyan szépen virítanak illatuk szórván,
akár az én jó anyám szíve lelke gondolatait hordván.
Tele van jósággal, örömmel, szeretettel,
úgy, mint szép reggel fényes kikelettel.
Meghajlok előtted kezeid csókolván,
hiszen te vigyáztál énrám utat mutatván.
Aztán átölellek, magamhoz szorítlak,
hulló könnyeimmel be is balzsamozlak.
Boldog az életem, örömteli lelkem,
amit tőled kaptam, e nagyvilágon nincsen.
Sokszor eszembe jut, hullnak könnyeim,
gyémánt szavait nem tudom feledni.
Kisírom magam, megkönnyül a lelkem,
és aztán nagy búsan újrakezdek mindent.

Erdélyben születtem

Nagyon kincses tájak,
Az emberek szívében nincs remény, csak bánat.
Pedig gondolatban én mindig haza megyek,
És könnyes szemekkel csak magamra ébredek.
Megkérlek titeket, legyetek elnézéssel,
Mivel nem Kanadai az én viseletem.
Tiszta szívbő jöttem, amit felajánlok,
Nyújtsatok kezet, mert mellétek állok.
El vagyok fáradva, szívem összetörve,
Megkínzott sorsom, ahol én éltem.
Lemondok mindenről, hitem azt nem hagyom,
Mert megsegített engem a drága fennvaló.
Könnyező szemekkel segítségét kértem,
Hogy túl az óperenciás tengeren vigyen által engem.
Elérkeztem ide, boldogság az élet,
És ha befogadtok, itt maradok végleg.

Elszálltak az évek

Az évek elszálltak észrevétlenül, a nap már nem úgy ragyok, mint régen
A szemeim könnyeznek, talán már nem is látok.
A hallásom sem a régi, talán félre is beszélek,
Egyenes helyen már megbotlok és szaladni már nem merek.
Előfordul, hogy sokszor nékem köszönnek, de választ nem kapnak,
Talán nem veszem észre, vagy már nem is hallok.
Már ki is gúnyolnak, mivel a korom haladt,
De én mindent meg teszek,
Mert csak húszévesnek érzem magam.
Olykor eszembe jutnak a tündér szép rózsaszálak,
Amelyeket sokszor átöleltem, a karjaimba vártam,
Meg örömkönnyek hullásával a szívembe zártam.
Sajnos e rózsaszálak már régen elhervadtak,
De azért megjegyzem, örökre szépek, csinosak maradtak.
Este lefekszem, aludni nem tudok,
Mire elkoppan a szemem az asszony kiabál:
Te öreg! Te nagyon csúnyán horkolsz, fordulj a másik feledre!
Amire még egyszer nehezen elalszom, már reggel fele vagyon,
És amikor megébredek a nap már régen ragyog.
Így telnek napjaim, talán már öreg is vagyok?
Rózsákkal már nem álmodom, csak adóssággal,
De törleszteni nincs miből,
de megtörténik, hogy csak dörög és nem villámlik,
aztán visszaalszom.

Madách Imre
(1823 Alsósztregova – 1864 Alsósztregova)

Életbölcsesség

Az ifjú lélek ha világba lép,
Mint nap, fényárban lát mindent körében,
Míg végre eszmél s látja, hogy mocsár,
Miről lopott sugár reng gazdag ékben.
Boldog, ha megbékélve a világgal,
Tovább ragyog s nem gondol a mocsárral.

Az ifjú lélek ha világba lép,
Azt tartja, Isten mása minden ember,
Míg végre eszmél, s látván, hogy nem az,
Ördögnek nézi csalt kebel dühével.
Boldog, ki megbékélve a világgal
Sem ördögöt, sem angyalt nem keres már.

Az ifjú lélek ha világba lép,
Csillagnak tartja a lány szerelmét,
Őrjöngve küzd, kételkedik, remél,
Míg eszmél s porban látja istenségét.
Boldog, ki megbékélve a világgal,
Csillag helyett beéri jó parázzsal.

Ki is gondol, függvén a hókebel
Kéjhalmain, hogy csontváz van alattok?
Csontvázzá lesz minden gyönyör, ha azt
Hideg kebellel végig boncolátok.
Boldog, ki megbékélve végzetével,
Élvezni tud a perc költészetével.

Életünk korai

Sír, sír a gyermek, játékért eseng,
Egy lepkeszárny vágyát betöltené.
"Majd hogyha megnősz és kedved telik,
Vehetsz magadnak tarka lepkeszárnyt,
- Mondják - de addig várj, gyermek s tanúlj!"
És vár a gyermek, vár, amig kinő
Az iskolából, s hogy vehetne már
Játékot, lepkeszárnyat: nem mosolyg
Ez rája többé, mint előbb tevé.
Lelkében az üdv és pokol lakik,

A serdülő, a tiszta szerelem,
Szeszélyesen repül az ég felé,
Túlszárnyal rajta és túl a napon
Alkot magának tündér életet.
S nem kedves már előtte más gyönyör,
Mint melyért küzdött, melyért véreze.
De a szülőknek féltő gondjai,
A külvilág részvéte és ezer
Érdeknek ónja rácsimpaszkodik.
"Várj, - szóllanak - míg férfivá leszesz,
A férfi majd okosabban szeret."
Szeretni s okosan, mi gúny, mi gúny!
Csak az szerethet, aki tiszta még,
Mint a sugár, mely mindenen aranyt lel,
Kit még a dőre emberbölcseség
Mindent gyülölni s félni nem tanít. -
Az ifjú hallgat, bú sorvasztja el;
Kiolták napját, hogy ne égessen
És napja nélkűl élte megfagyott.
És férfivá lesz, pillantása gyász,
Nem nő fejére már virágfüzér,
Fel nem vidítják őt madárdalok.
Egy van csak, ami lelkesíti még:
A népszabadság. Szíve, mely saját
Keblében hogy verjen már nincs miért,
Dobogni a közzel tanulni kezd.
És elébe lép az állam zordonan
Kiáltva rá: "A föld rég osztva van,
Ábrándképednek nem maradt helye!
A síron túl van boldogabb haza,
Ki itt elégedetlen, menjen át,
De itten pártos és bünhődni fog!"
S a férfit a bú aggá érleli,
Fejét a földre szegzi, mintha ott
Keresné, hogy majd álma teljesűl.
Kinyil a sír, fáradtan dűl belé;
De az igért reményvilág felett,
Ki tudja, mit rejt ismét a kereszt.

Elveink

Hűs őszi est, a szél sivítva jára,
S kocogni jött szobámnak ablakára;
Szobámban halvány lángu lámpa ége,
Én gondolkodva néztem bús szemébe,
És éjsötét volt lelkem gondolatja,
Előttem állt az inség rémalakja.
Hányan éheznek, fáznak most az éjben,
Mig én világom kényelemmel élem.
Igy elmélkedtem s kissé fázni kezdtem.
Egy jó palack bort hát elémbe vettem,
És ivogattam mindent elfeledve.
Ah lám az ember ilyen gyenge, gyenge!

Kifogyván végre a bor a pohárból,
Gondolkodám a bor áldott honáról.
Hazámnak halvány képe állt előttem,
Én vele sírtam, a jövőn törődtem.
Óh, aki érze honfibút a férfi,
Azt már nagyobb bú e földön nem éri,
Mert minden kín csak édes szenvedés lesz,
Mely e keservtől egy percünket elvesz.
Igy elmélkedtem s egy kicsínyke pára
Fájó szurással a szemembe szálla.
Én feljajdultam, mindent elfeledve.
Ah lám az ember ilyen gyenge, gyenge!

A halvány lámpa lassúdan kihamvadt
S engem még ébren tarta lelki bánat.
Gondoltam szívem bús történetére,
A zord halálra s a lány szép szemére,
Óh, akit a sors ily vadul lesujta,
Hogyan lehetne annak földi nyugta.
Szivembe nem fog az többé belépni,
Vagy a hitványat én fognám kitépni.
Igy elmélkedtem mindég halványabban,
Mig elcsitult a gondolat agyamban,
És elaludtam, mindent elfeledve.
Ah lám az ember ilyen gyenge, gyenge!

Márai Sándor
(1900 Kassa – 1989 San Diego)

Mennyből az angyal

MENNYBŐL AZ ANGYAL – MENJ SIETVE
Az üszkös, fagyos Budapestre.
Oda, ahol az orosz tankok
Között hallgatnak a harangok.
Ahol nem csillog a karácsony.
Nincsen aranydió a fákon,
Nincs más, csak fagy, didergés, éhség.
Mondd el nekik, úgy, hogy megértsék.
Szólj hangosan az éjszakából:
Angyal, vigyél hírt a csodáról.

Csattogtasd szaporán a szárnyad,
Repülj, suhogj, mert nagyon várnak.
Ne beszélj nekik a világról,
Ahol most gyertyafény világol,
Meleg házakban terül asztal,
A pap ékes szóval vigasztal,
Selyempapír zizeg, ajándék,
Bölcs szó fontolgat, okos szándék.
Csillagszóró villog a fákról:
Angyal, te beszélj a csodáról.

Mondd el, mert ez világ csodája:
Egy szegény nép karácsonyfája
A Csendes Éjben égni kezdett –
És sokan vetnek most keresztet.
Földrészek népe nézi, nézi,
Egyik érti, másik nem érti.
Fejük csóválják, sok ez, soknak.
Imádkoznak vagy iszonyodnak,
Mert más lóg a fán, nem cukorkák:
Népek Krisztusa, Magyarország.

És elmegy sok ember előtte:
A Katona, ki szíven döfte,
A Farizeus, ki eladta,
Aki háromszor megtagadta.
Vele mártott kezet a tálba,
Harminc ezüstpénzért kínálta
S amíg gyalázta, verte, szidta:
Testét ette és vérét itta –
Most áll és bámul a sok ember,
De szólni Hozzá senki nem mer.

Mert Ő sem szól már, nem is vádol,
Néz, mint Krisztus a keresztfáról.
Különös ez a karácsonyfa,
Ördög hozta, vagy Angyal hozta –
Kik köntösére kockát vetnek,
Nem tudják, mit is cselekesznek,
Csak orrontják, nyínak, gyanítják
Ennek az éjszakának a titkát,
Mert ez nagyon furcsa karácsony:
A magyar nép lóg most a fákon.

És a világ beszél csodáról,
Papok papolnak bátorságról.
Az államférfi parentálja,
Megáldja a szentséges pápa.
És minden rendű népek, rendek
Kérdik, hogy ez mivégre kellett.
Mért nem pusztult ki, ahogy kérték?
Mért nem várta csendben a végét?
Miért, hogy meghasadt az égbolt,
Mert egy nép azt mondta: „Elég volt.”

Nem érti ezt az a sok ember,
Mi áradt itt meg, mint a tenger?
Miért remegtek világrendek?
Egy nép kiáltott. Aztán csend lett.
De most sokan kérdik: mi történt?
Ki tett itt csontból, húsból törvényt?
És kérdik, egyre többen kérdik,
Hebegve, mert végképp nem értik –
Ők, akik örökségbe kapták –:
Ilyen nagy dolog a Szabadság?

Angyal, vidd meg a hírt az égből,
Mindig új élet lesz a vérből.
Találkoztak ők már néhányszor
– A költő, a szamár, s a pásztor –
Az alomban, a jászol mellett,
Ha az Élet elevent ellett,
A Csodát most is ők vigyázzák,
Leheletükkel állnak strázsát,
Mert Csillag ég, hasad a hajnal,
Mondd meg nekik, –
    mennyből az angyal

Nadányi Zoltán
(1892 Feketegyőrös – 1955 Budapest)

Te már sehol se vagy

A kezedet már nem adod,
a szádat nem adod
és a ruhámon nem hagyod
az édes illatod.

Álmomban is, jaj, mindig oly
hideg vagy, csupa fagy.
Már elhagytál álmomban is.
Te már sehol se vagy.

És egy sírdomb, egy hamvveder,
még annyi se maradt.
Te már sehol se vagy, se föld
szinén, se föld alatt.

Csak nézek és találgatom,
hol az én kedvesem.
Álmomban, ébren egyre csak
keresem, keresem.

Mert meg van ő, tudom, tudom,
csak elmaradt, de hol?
És addig, addig keresem,
én se vagyok sehol.

Valahol együtt járhatunk,
talán egy régi nyár
kanyargó, kedves útjain,
a régi, régi pár.

A hídon túl kis gyalogút,
kökénybokrok szegik,
ott mennek ők! Hogy szeretik
egymást! Be jó nekik!

A kutyám

A kutyám
halkan lépked lépteim után.
Hőt, fagyot
boldogan tűr értem, nem hagy ott.
Szél ha tombol,
jég ha ver: nem veri el a nyomomból.
Ő azért van, hogy kísérjen engem,
négy év óta kísér, mint az árnyék.
Ha nem volna, idegenül állnék
a mezőn, a kék-zöld végtelenben.
Hátra nézek. Ott van. Mindig ott van.
Jön utánam halkan és nyugodtan.

Nem nemes faj, korcs eb ivadéka,
a hűsége minden érdeme,
meg hogy úgy néz a szemembe néha,
mintha mindent, mindent értene.
Le-lehajlok, hogy megsimogassam,
Ő hátára fordul erre lassan
és ott érzem ujjaim hegyén
dobogó kis szívét. Ó szegény.

Néha aztán – vannak külön utak –
otthon kell őt hagynom, ez a sorsa.
Ekkor ő, mint akit szíven szúrtak,
leroskad a kapunál a porba.
Ott találom, mikor visszatérek,
akkor tér meg ő belé a lélek.

Ó, hogy megörül,
ha megérkezem!
Hogy ugrál körül!
Nyalná a kezem.
Kaputól az ajtóig követ,
ott megáll és hűség és remény
csillog a szemén:
hátha belyebb is jöhet?

A bundája ázott, talpa nedves,
de olyan szépen néz rám. Jöjj be kedves.
Jöjj be, ha ez neked gyönyörűség.
Ne csalódjék a Remény, a Hűség.

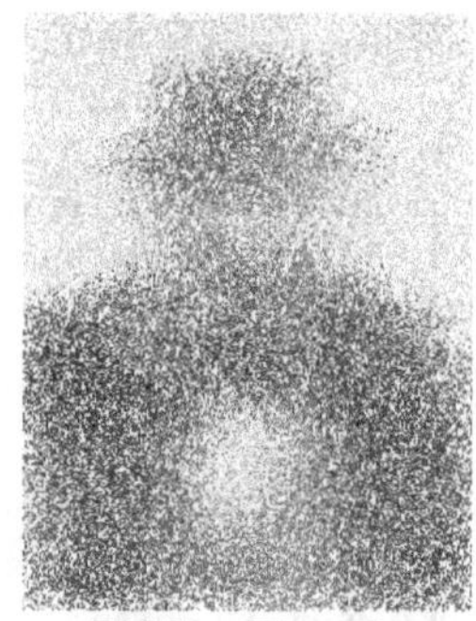

Nádor Tamás
(1934 Budapest – 2008 Budapest)

Kis Magyar vers

Magyarnak lenni
annyi, mint
enni, inni,
levegőt venni
itt.
Magyarnak lenni
annyi, mint
köszönni, búcsúzni,
dolgozni, pihenni,
szülni, temetni,
mint bárki, bárhol,
mégis másképpen
máshol.
Magyarnak lenni
annyi, mint
írni-olvasni
először így,
egyetlen batyuval
kicsapva
innen, vagy
távozva önként,
anyanyelvünket
siratva
vagy akár megtagadva:
álmunkban is
számolni
ekként.
Magyarnak lenni
annyi, mint
ugyanazt
vagy éppen mást gondolni
ugyanarra,
magyar borsót
hányni a
magyar falra,
egyazon
szalmalángon
fellobbanni,
elkékülésig
föl nem adni.
Magyarnak lenni
annyi, mint
tudni a Balassi-strófát,

Bolyai appendixét
Bartók allegro
Barbaróját,
Radnóti méz- és
áfonyacsókját,
Karinthy koponya-
bukfenceit,
Márai kassai
gerincét,
Babitsot
gégenémán is
hallani.
Magyarnak lenni
annyi, mint
kenyeret szegni
kereszttel,
Istenhez loholni
kalappal,
vasárnapozni
kálvini nyakkal,
zsoltárt mondani,
kaddist,
Miatyánkot,
dologba
virradni, mire az
ostorosi kakas
hármat
kiáltott.
Magyarnak lenni
annyi, mint
őrizni Szent István
eleven jobbját,
Mátyás máig
világló
corvináit,
Bethlen megtartó
eszét,
Széchenyi hitelét, a
kossuthi
lángot.
Magyarnak lenni
annyi, mint
apánk, anyánk
minden fájdalmas
felmenőnk,

sajgó rokonunk
sírjára,
megszentelt
lába nyomába,
ne legyen
nyílt seb:
ültetni árvácskát,
nefelejcset.
Magyarnak lenni
annyi, mint
tudni ennek a
táncos-tarajos
Tiszának, Dunának
hajdani kékjét,
hajlatát, ahol a
legnagyobb
hal lakik,
örvénylő
őrületének
fájdalommocskát,
halálos
farkasszemét,
irtózattitkait.
Magyarnak lenni
annyi, mint
búzát: kicsi
csillagot vetni,
ért kalászt
aratni,
kormot köhögő
városon vacogni,
elmenni innen
haraggal,
megtérni
kicsorbult
fogakkal,
megjönni csöndes
malaszttal,
és persze
maradni.
Magyarnak lenni
annyi, mint
zsigereinkben
érezni a
töltött káposzta
ízét, a csülkös

bablevest,
tudni, hogy
bármiként
piroslik ott az
alma, a
jonatán itt
ízesebb.
Egyszóval
magyarnak lenni
annyi, mint
latinnak, görögnek,
németnek, japánnak,
baszknak, zsidónak
vagy akár
andorrainak,
tehát:
embernek lenni,
így és itt
vagy úgy és ott,
bárhol a
világon.
Se több,
se kevesebb.

Nyírő József
(1889 Székelyzsombor – 1953 Madrid)

Imádság a magyar népért

Tégy velem, amit jónak látsz, de áldd meg ezeket a magyarokat és minden magyarokat, fizess nekik bőségesen, mindig rajtuk és sorsukon legyen a szemed, vezesd vissza őket újra szép Magyarországba, az örömnek és békességnek elveszett világába s mondd meg a búzának, hogy kétszeresre nőjjön számukra, tanítsd meg a madarat nekik dalolni, töröld le a pusztulás, szenvedés és halál ítéletét a homlokukról, ne engedj egyet is elveszni közülük, aranyként csengjen a drága anyanyelv ajkukon, virágozzanak ki nagy magyar erények, és erdők fái, szűnjön meg minden igazságtalanság és áldás fakadjon számukra minden elejtett vércseppből és verejtékből.

Értük legyen minden gyötrődésem, és elviselni négy embernek is sok szenvedésem...

Ha testemet nem is, de legalább lelkemet vidd haza a házsongárdi vagy az udvarhelyi temetőbe, vagy terítsd le az áldott földön, hogy attól is nőjjön a fű, szebbüljön a világ...

Papp-Váry Elemérné
(Sziklay Szeréna)
(1881 Jánok – 1923 Budapest)

Hitvallás

Hiszek egy Istenben, hiszek egy hazában,
Hiszek egy isteni örök igazságban,
Hiszek Magyarország feltámadásában.

Ez az én vallásom, ez az én életem,
Ezért a keresztet vállaimra veszem,
Ezért magamat is reá feszíttetem.

Szeretném harsogni kétkedők fülébe,
Szeretném égetni reszketők lelkébe,
Lángbetűkkel írni véres magyar égre:

Ez a hit a fegyver, hatalom és élet,
Ezzel porba zúzod minden ellenséged,
Ezzel megválthatod minden szenvedésed.

E jelszót, ha írod lobogód selymére,
Ezt, ha belevésed kardod pengéjébe,
Halottak országát feltámasztod véle.

Harcos, ki ezt hiszed, csatádat megnyerted,
Munkás, ki ennek álsz, boldog jövőd veted,
Asszony, ki tanítod, áldott lesz a neved.

Férfi, ki ennek élsz, dicsőséget vettél,
Polgár, ki ezzel kélsz, új hazát szereztél,
Magyar, e szent hittel mindent visszanyertél.

Mert a hit az erő, mert aki hisz, győzött,
Mert az minden halál és kárhozat fölött
Az élet Urával szövetséget kötött.

Annak nincs többé rím, mitől megijedjen,
Annak vas a szíve minden vésszel szemben,
Minden pokol ellen, mert véle az Isten!

Annak lába nyomán zöldül a temető,
Virágdíszbe borul az eltiport mező,
Édes madárdaltól hangos lesz az erdő.

Napsugártól fényes lesz a házatája,
Mézes a kenyere, boldogság tanyája,
Minden nemzetségén az Isten áldása.

Magyar! te most árva, elhagyott, veszendő,
Minden nemzetek közt lenn a földön fekvő,
Magyar legyen hited, s tied a jövendő.

Magyar, legyen hited ás lészen országod,
Minden nemzetek közt az első, az áldott,
Isten amit néked címeredbe vágott.

Szíved is dobogja, szavad is hirdesse,
Ajkad ezt rebegje, reggel, délben, este,
Véreddé hogy váljon az ige, az eszme:

Hiszek egy Istenben, hiszek egy hazában,
Hiszek egy isteni örök igazságban,
Hiszek Magyarország feltámadásában!

Petőfi Sándor
(1823 Kiskőrös – 1849 Segesvár)

A költészet

Oh szent költészet, mint le vagy alázva,
Miként tiporják méltóságodat
Az ostobák, s ép akkor, amidõn
Törekszenek, hogy fölemeljenek.
Azt hirdetik föl nem kent papjaid,
Azt hirdetik fennszóval, hogy terem vagy,
Nagyúri, díszes, tündöklõ terem,
Hová csupán csak fénymázas cipõkben
Lehet bejárni illedelmesen.
Hallgassatok, ti ál hamis próféták,
Hallgassatok, egy szótok sem igaz.
A költészet nem társalgó-terem,
Hová fecsegni jár a cifra nép,
A társaság szemenszedett paréja;
Több a költészet! olyan épület,
Mely nyitva van boldog-boldogtalannak,
Mindenkinek, ki imádkozni vágy,
Szóval: szentegyház, ahová belépni
Bocskorban sõt mezítláb is szabad.

Az Alföld

Mit nekem te zordon Kárpátoknak
Fenyvesekkel vadregényes tája!
Tán csodállak, ámde nem szeretlek,
S képzetem hegyvölgyedet nem járja.

Lenn az alföld tengersík vidékin
Ott vagyok honn, ott az én világom;
Börtönébõl szabadúlt sas lelkem,
Ha a rónák végtelenjét látom.

Felröpûlök ekkor gondolatban
Túl a földön felhõk közelébe,
S mosolyogva néz rám a Dunától
A Tiszáig nyúló róna képe.

Délibábos ég alatt kolompol
Kis-Kunságnak száz kövér gulyája;
Deleléskor hosszu gémü kútnál
Széles vályu kettõs ága várja.

Méneseknek nyargaló futása
Zúg a szélben, körmeik dobognak,
S a csikósok kurjantása hallik
S pattogása hangos ostoroknak.

A tanyáknál szellõk lágy ölében
Ringatózik a kalászos búza,
S a smaragdnak eleven szinével
A környéket vígan koszorúzza.

Idejárnak szomszéd nádasokból
A vadlúdak esti szürkületben,
És ijedve kelnek légi útra,
Hogyha a nád a széltõl meglebben.

A tanyákon túl a puszta mélyén
Áll magányos, dõlt kéményü csárda;
Látogatják a szomjas betyárok,
Kecskemétre menvén a vásárra.

A csárdánál törpe nyárfaerdõ
Sárgul a királydinnyés homokban;
Odafészkel a visító vércse,
Gyermekektõl nem háborgatottan.

Ott tenyészik a bús árvalyányhaj
S kék virága a szamárkenyérnek;
Hûs tövéhez déli nap hevében
Megpihenni tarka gyíkok térnek.

Messze, hol az ég a földet éri,
A homályból kék gyümölcsfák orma
Néz, s megettök, mint halvány ködoszlop,
Egy-egy város templomának tornya. –

Szép vagy, alföld, legalább nekem szép!
Itt ringatták bölcsõm, itt születtem.
Itt borúljon rám a szemfödél, itt
Domborodjék a sir is fölöttem.

Befordúltam a konyhára...

Befordúltam a konyhára,
Rágyujtottam a pipára...
Azaz rágyujtottam volna,
Hogyha már nem égett volna.

A pipám javában égett,
Nem is mentem én a végett!
Azért mentem, mert megláttam,
Hogy odabenn szép leány van.

Tüzet rakott eszemadta,
Lobogott is, amint rakta;
Jaj de hát még szeme párja,
Annak volt ám nagy a lángja!

Én beléptem, õ rám nézett,
Aligha meg nem igézett!
Égõ pipám kialudott,
Alvó szívem meggyúladott.

Ereszkedik le a felhő

Ereszkedik le a felhõ,
Hull a fára õszi esõ,
Hull a fának a levele,
Mégis szól a fülemile.

Az óra jó késõre jár.
Barna kislyány, alszol-e már?
Hallod-e a fülemilét,
Fülemile bús énekét?

Záporesõ csak ugy szakad,
Fülemile csak dalolgat.
Aki bús dalát hallgatja,
Megesik a szíve rajta.

Barna kislyány, ha nem alszol,
Hallgasd, mit e madár dalol;
E madár az én szerelmem,
Az én elsohajtott lelkem!

Fa leszek, ha...

Fa leszek, ha fának vagy virága.
Ha harmat vagy: én virág leszek.
Harmat leszek, ha te napsugár vagy...
Csak hogy lényink egyesüljenek.

Ha, leányka, te vagy a mennyország:
Akkor én csillaggá változom.
Ha, leányka, te vagy a pokol: (hogy
Egyesüljünk) én elkárhozom.

Fürdik a holdvilág...

Fürdik a holdvilág az ég tengerében,
Méláz a haramja erdő közepében:
Sűrű a füvön az éj harmatozása,
De sűrűbb két szeme könnyének hullása.

Baltája nyelére támaszkodva mondja:
"Mért vetettem fejem tilalmas dolgokra!
Édesanyám, mindig javamat akartad;
Édesanyám, mért nem fogadtam szavadat?

Elhagytam házadat, földönfutó lettem,
Rablók, fosztogatók közé keveredtem;
Most is köztük élek magam szégyenére,
Ártatlan útasok nagy veszedelmére.

Elmennék én haza, itt hagynám ezeket,
Örömest itt hagynám, de most már nem lehet:
Édesanyám meghalt... kis házunk azóta
Régen összeroskadt... s áll az akasztófa."

Alku

Juhászlegény, szegény juhászlegény!
Tele pénzzel ez a kövér erszény;
Megveszem a szegénységet toled,
De ráadásul add a szeretődet.

„Ha ez a pénz volna csak foglaló,
S még százennyi lenne borravaló,
S id'adnák a világot rá'dásnak,
Szeretomet mégsem adnám másnak!"

Reszket a bokor, mert…

Reszket a bokor, mert
Madárka szállott rá.
Reszket a lelkem, mert
Eszembe jutottál,
Eszembe jutottál,
Kicsiny kis leányka,
Te a nagy világnak
Legnagyobb gyémántja!

Teli van a Duna,
Tán még ki is szalad.
Szivemben is alig
Fér meg az indulat.
Szeretsz, rózsaszálam?
Én ugyan szeretlek,
Apád-anyád nálam
Jobban nem szerethet.

Mikor együtt voltunk,
Tudom, hogy szerettél.
Akkor meleg nyár volt,
Most tél van, hideg tél.
Hogyha már nem szeretsz,
Az isten áldjon meg,
De ha még szeretsz, úgy
Ezerszer áldjon meg!

Szeptember végén

Még nyílnak a völgyben a kerti virágok,
Még zöldel a nyárfa az ablak elõtt,
De látod amottan a téli világot?
Már hó takará el a bérci tetõt.
Még ifju szivemben a lángsugarú nyár
S még benne virít az egész kikelet,
De íme sötét hajam õszbe vegyûl már,
A tél dere már megüté fejemet.

Elhull a virág, eliramlik az élet...
Ûlj, hitvesem, ûlj az ölembe ide!
Ki most fejedet kebelemre tevéd le,
Holnap nem omolsz-e sirom fölibe?
Oh mondd: ha elõbb halok el, tetemimre
Könnyezve borítasz-e szemfödelet?
S rábírhat-e majdan egy ifju szerelme,
Hogy elhagyod érte az én nevemet?

Ha eldobod egykor az özvegyi fátyolt,
Fejfámra sötét lobogóul akaszd,
Én feljövök érte a síri világból
Az éj közepén, s oda leviszem azt,
Letörleni véle könyûimet érted,
Ki könnyeden elfeledéd hivedet,
S e szív sebeit bekötözni, ki téged
Még akkor is, ott is, örökre szeret!

Távolból

Kis lak áll a nagy Duna mentében;
Oh mi drága e lakocska nékem!
Könnyben úszik két szemem pillája,
Valahányszor emlékszem reája.

Bár maradtam volna benne végig!
De az embert vágyai vezérlik;
Vágyaimnak sólyomszárnya támadt,
S odahagytam õslakom s anyámat.

Kínok égtek a szülõkebelben,
Hogy bucsúmnak csókját ráleheltem;
S kínja lángi el nem aluvának
Jéggyöngyétõl szeme harmatának.

Mint ölelt át reszketõ karával!
Mint marasztott esdeklõ szavával!
Oh, ha akkor látok a világba:
Nem marasztott volna tán hiába.

Szép reményink hajnalcsillagánál
A jövendõ tündérkert gyanánt áll;
S csak midõn a tömkelegbe lépünk,
Venni észre gyászos tévedésünk.

Engem is hogy csillogó reményem
Biztatott csak, minek elbeszélnem?
S hogy mióta járom a világot,
Bolygó lábam száz tövisre hágott.

...Szép hazámba ismerõsök mennek;
Jó anyámnak tõlök mit izenjek?
Szóljatok be, földiek, ha lészen
Útazástok háza közelében.

Mondjátok, hogy könnyeit ne öntse,
Mert fiának kedvez a szerencse – –
Ah, ha tudná, mily nyomorban élek,
Megrepedne a szive szegénynek!

Szüleim halálára

Végre megtörtént a
Rég várt viszonlátás!
Nincs köszönet benne,
Nincsen istenáldás.
Láttam jó atyámat... vagy csak koporsóját,
Annak sem látszott ki csak az egyik széle,
Ezt is akkor láttam kinn a temetőben,
Mikor jó anyámat tettük le melléje.

Sem atyám, sem anyám
Nincs többé, nem is lesz,
Kiket szoríthatnék
Dobogó keblemhez,
Akiknek csókolnám még lábok nyomát is,
Mert engemet szivök vérén neveltek fel,
Mert körűlöveztek, mint a földet a nap
Lángoló sugári, szent szeretetökkel!

Oh atyám, oh anyám,
Miért távozátok?
Tudom, hogy áldás a
Sír nyugalma rátok,
De mi nektek áldás, az átok énnékem,
Melytül szegény szívem csakhogy nem reped meg!
Ha így bántok velem, ti kik szerettetek,
Mit várjak azoktul, akik nem szeretnek?

Itt hagytak, elmentek,
Nem is jőnek vissza!
Omló könnyeimet
Sirjok halma issza.
Folyjatok, könnyeim, folyj, te forró patak,
Szivárogj le hideg orcáikra halkan,
Hadd tudják meg rólad: árva gyermeköknek
Elhagyott lelkén mily égő fájdalom van!

De nem, de nem, inkább
Eltávozom innen,
Hogysem könnyem árja
Hozzájok lemenjen;
Mentsen isten tőle!... édes jó szülőim
Hogyha megéreznék fiuknak keservét,
Szerető szivök a sírban sem pihenne,
Egy bú lenne nékik a hosszú öröklét.

Isten veletek hát...
Csak egyszer még, egyszer
Ölelkezem össze
Sírkeresztetekkel...
Olyan a két ága, mint két ölelő kar,
Mintha apám s anyám nyujtaná ki karját...
Tán fölemelkedtek halotti ágyokból,
Fiokat még egyszer ölelni akarják!

Szülőföldemen

Itt születtem én ezen a tájon
Az alföldi szép nagy rónaságon,
Ez a város születésem helye,
Mintha dajkám dalával vón tele,
Most is hallom e dalt, elhangzott bár:
„Cserebogár, sárga cserebogár!"

Ugy mentem el innen, mint kis gyermek,
És mint meglett ember úgy jöttem meg.
Hej azóta húsz esztendő telt el
Megrakodva búval és örömmel...
Húsz esztendő... az idő hogy lejár!
„Cserebogár, sárga cserebogár."

Hol vagytok, ti régi játszótársak?
Közületek csak egyet is lássak!
Foglaljatok helyet itt mellettem,
Hadd felejtsem el, hogy férfi lettem,
Hogy vállamon huszonöt év van már...
„Cserebogár, sárga cserebogár.”

Mint nyugtalan madár az ágakon,
Helyrül-helyre röpköd gondolatom,
Szedegeti a sok szép emléket,
Mint a méh a virágról a mézet;
Minden régi kedves helyet bejár...
„Cserebogár, sárga cserebogár!”

Gyermek vagyok, gyermek lettem újra,
Lovagolok fûzfasípot fújva,
Lovagolok szilaj nádparipán,
Vályuhoz mék, lovam inni kiván,
Megitattam, gyi lovam, gyi Betyár...
„Cserebogár, sárga cserebogár!”

Megkondúl az esteli harangszó,
Kifáradt már a lovas és a ló,
Hazamegyek, ölébe vesz dajkám,
Az altató nóta hangzik ajkán,
Hallgatom, s félálomban vagyok már...
„Cserebogár, sárga cserebogár”...

Petrőzy Kata Szidónia
(1662 Kaszavár – 1708 Beregszentmiklós)

Forog az szerencse...

Sebes árvizeknek, kegyetlen szeleknek
Érzem kemény zúgását,
Szívemnek fájdalmit, iszonyú kínjait,
Szemeim könnyvhullását,
Meg nem állíthatom, óránkint jajgatom
Szerencsém változását.

Mert naponkint nőnek, soha meg nem szűnnek
Bánatimnak árjai,
Sebesült szívemet, elhagyott elmémet
Szomoruság szelei
Igen ostromolják, éltemet fogyotják
Engem vesztő kínjai.

Már el fogyott nékem minden reménségem,
Víg órámot nem várom,
Sőt mind éjjel-nappal epedvén sok búval
Fájdalmimot jajgatom,
S minthogy így gyötrődöm, szörnyen emésztődöm,
Halálomat ohajtom.

Nincsen orvossága, semmi vigassága
Búba epedt szívemnek,
Kevés a szánója, nincs vigasztalója,
Jaj, ily reméntelennek,
Nemhogy enyhítője, avagy segítője
Lehetne én ügyemnek.

Azért teljeséggel, bizony nagy készséggel
Kévánok elköltözni,
Ez gonosz világtul s mulandó voltátul
Nagy örömmel búcsúzni,
Ha Isten akarja, ne késsék órája,
Kész vagyok már meghalni.

Mert a halál nékem lehet segétségem,
Hogy elfelejtsem búmat,
És ő enyhítheti, sebemet beköti,
Gyógyítja fájdalmimat,
Elveszi szívemrül, letörli szememről
Gyakor könyhullásimot.

Igaz Isten ne hagyj

Igaz Isten ne hagyj, tűrésre erőt adj,
Nyújtsad segedelmedet,
Enyhéts szívem kínját, gyógyítsad fájdalmát,
Ne vond meg kegyelmedet,
Vedd hozzád lelkemet, szánd meg gyötrelmimet,
Hadd áldjom szent nevedet!

Mi lelkünk világossága

Mi lelkünk világossága,
Juhaidnak jó pásztora,
Tekints kegyes szemmel alá,
Jusson hozzád néped szava,

Melyet te hozzád bocsátunk,
És könyves szemmel kiáltunk,
Jöjj el, ments meg, segétségünk,
Látod, mely szörnyű ínségünk.

Kit bűnünkért érdemlettünk,
Az te haragodban estünk,
Idegen nemzet van rajtunk,
Jaj, igen sanyargattatunk.

Ránk jöve, mint az zsidókra
Szörnyű egyiptomi iga,
Nincs életünknek oltalma,
Mert ingerlettünk haragra.

Pusztítják édes hazánkat,
Elvonják mi javainkat,
Nevetvén mi siralminkat,
Csikorgatják ránk fogokat.

Még lelkünkbe is gyötrenek,
Az igaz hitért gyűlölnek,
Egy helybűl másra üldöznek,
Templomidbul kiűztenek.

Ez kis helyre szorult néped,
Hogy tisztán tiszteljen téged,
De ha nem oltalmaz kezed,
S meg nem esik rajtunk szíved,

Föltötték hogy háborgatnak,
És hitünkbe meg nem hagynak,
Fegyverrel arra hajtanak,
Az mit magok gondoltanak,

Avagy bujdosókká tesznek,
Az kik állunk őellenek,
Minket koldulni kiűznek
Hazánkbul, avagy megölnek.

Szent kezedbe vagyon szívek,
Tudod mi igyekezetek,
Romlásunkra mit szerzettek,
És céljokat kit feltöttek.

Tedd semmivé tanácsokat,
Verd az földhöz hatalmokat,
Csúfold meg találmányokat,
Szánd meg az mi siralminkat.

Állíts helybe, szent nevedért,
Tiszteletedet, fiadért,
Tarts meg a te jóvoltodért,
Szánj meg fiad érdemiért.

Evangéliomod, kérünk,
Hogy prédikáltassék nekünk,
Tisztán megmaradván köztünk
Virágozzék hittel szívünk.

Hogy kisdedink is láthassák,
Mi az lelki világosság,
Igazán megtanulhassák,
És szívekbe megtarthassák.

Te szent igédet szeressék,
Az mit hagytál, azt megértsék,
És tiszta szívvel kövessék,
Szent nevedet dicsőítsék.

Holtok után penig mennybe,
Adjad hívek seregébe,
Velünk egyött nagy örömbe,
Dícsérjenek, Uram, mennybe!

Mit bízik e világ...

Oh irgalmas Isten, ki vagy te népednek
Oltalmazó atyja igaz híveidnek,
Látod minden felől ellenünk mint jőnek,
Szörnyű ragadozó
Juh ruhába járó
Farkasok s elnyelnek.

Ha te nem segétesz, mi meg nem állhatunk,
Az lelki vakságra szörnyen tántorodunk,
Reánk agyarkodó fogoktul rettegünk,
Jöjj, ne hagy elvesznünk
És kétségbe esnünk,
Jövel segítségünk!

Föltötték magokba hogy eltöröljenek
Ez földnek szinéről, semmivé tegyenek,
Lelkünk ismeretén is urak legyenek,
Emberi találmánt,
Kit szent lelked utált
Velünk hitessenek.

Tiltják és csúfolják a te szent igédet,
Útálják, kik tisztán tiszteljük nevedet,
Véred hullásával nyert szent érdemedet,
Megvetvén üldözik,
S arra kínszerétik
Az te híveidet.

Más közbejárókat keresnek magoknak,
Jótéteményekbe igen bizakodnak,
Szerelmes Jézusom, veled nem gondolnak,
Kezek munkájának,
Az kőnek és fának
Térdet-fejet hajtnak.

Népednek pásztori a te házaidbul
Kiűzettettenek te szent templomidbul,
Jaj, nincs maradások, űzetnek egy helybül
Másra, s megölettek,
Sok vért kiöntöttek
Az te híveidből.

Tapsolván örülnek az mi siralmikon,
Keményül kőszívek nyomorúságinkon,
És hatalmaskodnak minden javainkon,
Megszünt az énekszó,
Hallatik csak jajszó,
Az mi utcáinkon.

Sohol nem maradhat te néped békével,
Akárhová menjen, de ők sietséggel
Ottan feltalálják, s nagy veszedelmével
Újabb praktikákkal,
Kigondolt csudákkal,
Fogyatják fegyverrel.

Elcsalják, csábítják az gyengehitőket,
Rabság alá vetik azoknak lelkeket,
Új találmányokra hajtják szegényeket,
Az csak kívánságok,
Hogy győljön jószágok,
Töltik szekrínyeket.

Te szent igéd helyett mikínt kereskednek,
Jövendő bűnöket pénzért elengednek,
Tiltják az Szentírást, kiből mint higyjenek,
Meg ne tanulhassák,
S végét ne szakasszák
Ő jövedelmeknek.

Tiszta élet színe alatt, ím, mint élnek,
Fajtalan tobzódók Istentől nem félnek,
Az szent házasságot tartják nagy véteknek,
S tiltják, példát adnak
Ők az hallgatóknak,
S nincs tilalma ennek.

Óh, szerelmes Atyánk, essék meg te szíved,
Látod az ínséget, kit szenved te néped,
És jusson eszedbe igaz ígíreted,
Mondván, ne félj népem,
Pokol kapuja sem
Állhat meg ellened.

Hivunk segítségül, az mint parancsoltad,
Oh, ne hagyj elesnünk, s hitünket támasszad,
Erősétsed kérlek, hogy az mint meghagytad,
Te benned reménljünk,
S azoktul ne féljünk,
Az kik nem árthatnak.

Mert nem ölik meg az hallhatatlan lelket,
Ha kínzások által próbálják az testet,
Feltámasztja Isten, s ád örök életet,
Az sok jajszó után,
Üdvösségnek útján
Megvígasztal minket.

Ámen.

Radnóti Miklós
(1909 Budapest – 1944 Abda)

Két karodban

Két karodban ringatózom
csöndesen.
Két karomban ringatózol
csöndesen.
Két karodban gyermek vagyok,
hallgatag.
Két karomban gyermek vagy te,
hallgatlak.
Két karoddal átölelsz te,
ha félek.
Két karommal átölellek
s nem félek.
Két karodban nem ijeszt majd
a halál nagy
csöndje sem.
Két karodban a halálon,
mint egy álmon
átesem.

Este a kertben

Égen az újhold oly vékonyka most,
mint apró seb, melyet a fecske ejt,
villanva víz szinén és utána
rögtön elfelejt.

Már éjszakára ágyazott a kert,
az álmos sok bogár virágba bútt
s a hetyke tulipán álldigálva
ágyán, elaludt.

Könnyen lépek hát s arra gondolok,
hogy asszonyomnak nyakán a konty tán
olyan, mint szusszanó arany pont egy
boldog vers után.

S mondom a verset; törekedik már
s úgy hangosodik szájamon, mint hű
lehellet csók után és mint avar
között az új fű.

S verssel térek a házba, ahonnan
az asszony fut elém és hordja hó
nyakán a kontyot, mely ha kibomlik,
arany lobogó.

Levél a hitveshez

A mélyben néma, hallgató világok,
üvölt a csönd fülemben s felkiáltok,
de nem felelhet senki rá a távol,
a háborúba ájult Szerbiából
s te messze vagy. Hangod befonja álmom,
s szivemben nappal ujra megtalálom,
hát hallgatok, míg zsong körém felállván
sok hűvös érintésü büszke páfrány.

Mikor láthatlak ujra, nem tudom már,
ki biztos voltál, súlyos, mint a zsoltár,
s szép mint a fény és oly szép mint az árnyék,
s kihez vakon, némán is eltalálnék,
most bujdokolsz a tájban és szememre
belülről lebbensz, így vetít az elme;
valóság voltál, álom lettél ujra,
kamaszkorom kútjába visszahullva

féltékenyen vallatlak, hogy szeretsz-e?
s hogy ifjuságom csúcsán, majdan, egyszer,
a hitvesem leszel, - remélem ujra
s az éber lét útjára visszahullva
tudom, hogy az vagy. Hitvesem s barátom, -
csak messze vagy! Túl három vad határon.
S már őszül is. Az ősz is ittfelejt még?
A csókjainkról élesebb az emlék;

csodákban hittem s napjuk elfeledtem,
bombázórajok húznak el felettem;
szemed kékjét csodáltam épp az égen,
de elborult s a bombák fönt a gépben
zuhanni vágytak. Ellenükre élek, -
s fogoly vagyok. Mindent, amit remélek
fölmértem s mégis eltalálok hozzád;
megjártam érted én a lélek hosszát,

s országok útjait; bíbor parázson,
ha kell, zuhanó lángok közt varázslom
majd át magam, de mégis visszatérek;
ha kell, szívós leszek, mint fán a kéreg,
s a folytonos veszélyben, bajban élő
vad férfiak fegyvert s hatalmat érő
nyugalma nyugtat s mint egy hűvös hullám:
a 2 x 2 józansága hull rám.

Reményik Sándor
(1890 Kolozsvár – 1941 Kolozsvár)

Eredj, ha tudsz!

Egy szívnek, mely éppúgy fáj,
mint az enyém

Eredj, ha tudsz...
Eredj, ha gondolod,
Hogy valahol, bárhol a nagy világon
Könnyebb lesz majd a sorsot hordanod,
Eredj...
Szállj mint a fecske, délnek,
Vagy északnak, mint a viharmadár,
Magasából a mérhetetlen égnek
Kémleld a pontot,
Hol fészekrakó vágyaid kibontod.
Eredj, ha tudsz.

Eredj, ha hittelen
Hiszed: a hontalanság odakünn
Nem keserűbb, mint idebenn.
Eredj, ha azt hiszed,
Hogy odakünn a világban nem ácsol
A lelkedből, ez érző, élő fából
Az emlékezés új kereszteket.

A lelked csillapuló viharának
Észrevétlen ezer új hangja támad,
Süvít, sikolt,
S az emlékezés keresztfáira
Téged feszít a honvágy és a bánat.
Eredj, ha nem hiszed.

Hajdanában Mikes se hitte ezt,
Ki rab hazában élni nem tudott
De vállán égett az örök kereszt
S egy csillag Zágon felé mutatott.
Ha esténként a csillagok
Fürödni a Márvány-tengerbe jártak,
Meglátogatták az itthoni árnyak,
Szelíd emlékek: eszeveszett hordák,
A szívét kitépték.
S hegyeken, tengereken túlra hordták...
Eredj, ha tudsz.

Ha majd úgy látod, minden elveszett:
Inkább, semmint hordani itt a jármot,
Szórd a szelekbe minden régi álmod;
Ha úgy látod, hogy minden elveszett,
Menj őserdőkön, tengereken túlra
Ajánlani fel két munkás kezed.
Menj hát, ha teheted.

Itthon maradok én!
Károgva és sötéten,
Mint téli varjú száraz jegenyén.
Még nem tudom:
Jut-e nekem egy nyugalmas sarok,
De itthon maradok.

Leszek őrlő szú az idegen fában,
Leszek az alj a felhajtott kupában,
Az idegen vérben leszek a méreg,
Miazma, láz, lappangó rút féreg,
De itthon maradok!

Akarok lenni a halálharang,
Mely temet bár: halló fülekbe eseng
És lázít: visszavenni a mienk!
Akarok lenni a gyujtózsinór,
A kanóc része, lángralobbant vér,
Mely titkon kúszik tíz-száz évekig
Hamuban, éjben.

Míg a keservek lőporához ér
És akkor...!!

Még nem tudom:
Jut-e nekem egy nyugalmas sarok,
De *addig*, varjú a száraz jegenyén:
Én itthon maradok.

Reviczky Gyula
(1855 Vitkóc – 1889 Budapest)

Imakönyvem

Aranykötésű imakönyvet
Hagyott rám örökül anyám,
Kis Jézus ingben, glóriában
Van a könyv első oldalán.
Sok év előtt egyik sarokba
Beírta jó anyám nevét,
Lehajtom a betűkre főmet,
Hogy fölidézzem szellemét.

Nekem úgy tetszik, hogy csak egyszer
Fehér ruhában láttam őt.
Tavasz volt épp, a kedves ákác
Virágozott a ház előtt.
A lemenő nap fénysugára
Reszketett ajkán, zárt szemén.
Apám ott állt a ravatalnál,
És vélem együtt sírt szegény.

Hogy elmosódtak a betűk! Mily
Sárgák s kopottak e lapok.
Rég' volt, midőn ez imakönyvből
Még az anyám imádkozott.
Kék selyemszállal összekötve
Van itt hajambul egy kevés.
Aranyos fürtjeimhez akkor
Nem illett még a szenvedés.

Írott imádság töredéke
Mellett van az anyám haja,
Emitt egy szentnek vézna képe
S egy régi, halvány Mária.
Elnézem… Éppen így viselt meg
A sors azóta engemet.
Sokszor szeretnék sírni, hogyha
Nem szégyellném a könnyeket.

Az Úr imádságát ütöm fel
(Kísérőm a nehéz úton),
S vigasztalást vegyít a kínhoz
A te imád, ó, Jézusom!
Imádság kell a szenvedőnek,
Akit a sors árván hagyott.
Úristen, én nem zúgolódom:
Legyen a te akaratod.

Föl nem panaszlom a világnak,
Csak szellemednek, jó anyám,
Milyen kopár volt ifjúságom,
S hogy mennyi bánat szállt reám.
Tűrtem, reméltem, megalázva
Idegenek közt éltem én;
De azt a régi imakönyvet
S emléked szentül őrizém.

Óh, ne nézz rám mosolyogva!

Óh, ne nézz rám mosolyogva!
Iparkodjál elfeledni.
Jobban élnénk, hogyha egymást
Nem ismertük volna meg mi!

Jobb neked nyugodtan élni,
Szerető családi körben.
Jobb nekem a sírt remélni
Vágyak nélkül összetörten.

Jobb az én beteg szivemnek
A világgal harczra kelni,
Mint a vádat, hogy te bennem
Csalatkoztál, elviselni.

Schiller, Johann Christoph Friedrich
(1759 Marbach am Neckar – 1805 Weimar)

Remény

Álmodnak egy szebb, jobb hazáról,
Ez álom minden emberé:
Lihegve tör a földi tábor
Egy felragyogó cél felé!
A föld tavaszra, télre válik -
Az ember remél mindhalálig.

Remény az út, a cél, a pálya.
A gyermek hűen él vele,
Remény az ifjú délibábja,
Remény az aggnak élete:
Ha fáradt teste sírba űzi,
Reménységét a sírra tűzi.

S ez nem valami lázas eszme
Bomlott agyvelők éjjelén;
A lélek harsog messze, messze:
Nagyobbért, szebbért élek én! -
S amit a lélek hangja hirdet,
Az nem csalhat meg soha minket!

(Dsida Jenő fordítása)

Hoffnung

Es reden und träumen die Menschen viel
von bessern künftigen Tagen;
nach einem glücklichen, goldenen Ziel
sieht man sie rennen und jagen.
Die Welt wird alt und wird wieder jung,
doch der Mensch hofft immer Verbesserung.

Die Hoffnung führt ihn ins Leben ein,
sie umflattert den fröhlichen Knaben,
den Jüngling locket ihr Zauberschein,
sie wird mit dem Greis nicht begraben;
denn beschließt er im Grabe den müden Lauf,
noch am Grabe pflanzt er - die Hoffnung auf.

Es ist kein leerer, schmeichelnder Wahn,
erzeugt im Gehirne des Toren,
im Herzen kündet es laut sich an:
zu was Besserm sind wir geboren.
Und was die innere Stimme spricht,
das täuscht die hoffende Seele nicht.

Ifjú a pataknál

(Petőfi Sándor németből Schiller után)

Forrás mellett ült a gyermek,
Koszorúkat kötözött,
S látta őket elragadtan
Tűnni a habtánc között.
Éltem így röpűl, miként a
Forrás, fáradatlanúl,
S mint a koszorúk, sietve
Ifjuságom elvirúl.

Ne kérdjetek, mért busongok
Éltem rózsaidején;
Minden örvend és reményel
A tavasznak jövetén.
Ámde az új természetnek
Ébredő hangezrede
Kebelemnek rejtekében
Csak nehéz bút kelthete.

Nem vidítnak a vigalmak,
Melyeket nyujt szép tavasz;
Egy köt engem csak: közel van,
S mégis messze tőlem az.
A kedvelt árnykép elébe
Vágyva nyujtom karomat,
Haj! nem érem el s ez érzet
Csillapítatlan marad.

Jőj le, jőj, ó szép leányka,
Hagyd kevély lakod falát,
Majd virágit a tavasznak
Kebeledbe hintem át.
Ime, dal zeng a berekben,
S tiszta zajjal jár az ér;
Egy boldog szerelmű szívpár
Kis kunyhóban is megfér.

Der Jüngling am Bache

An der Quelle saß der Knabe,
Blumen wand er sich zum Kranz,
und er sah sie fortgerissen,
treiben in der Wellen Tanz!
"Und so fliehen meine Tage
wie die Quelle rastlos hin!
Und so schwindet meine Jugend,
wie die Kränze schnell verblühn.

Fraget nicht, warum ich traure
in des Lebens Blütenzeit!
Alles reget sich und hoffet,
wenn der Frühling sich erneut.
Aber diese tausend Stimmen
der erwachenden Natur
wecken in dem tiefen Busen
mir den schweren Kummer nur.

Was kann mir die Freude frommen,
die der schöne Lenz mir beut?
Eine nur ist's, die ich suche,
sie ist nah und ewig weit.
Meine Arme breit ich sehnend
nach dem teuren Schattenbild,
ach, ich kann es nicht erfassen
und das Herz bleibt ungestillt!

Komm herab, du schöne Holde,
und verlaß dein stolzes Schloß!
Blumen, die der Lenz geboren,
schütt ich dir in deinen Schoß.
Horch, der Hain erschallt von Liedern,
und die Quelle rieselt klar.
Raum ist in der kleinsten Hütte
für ein glücklich liebend Paar."

Sík Sándor
(1889 Budapest – 1963 Budapest)

Ments meg Uram!

A virágtalan, gyümölcstelen ágtól,
A meddőségtől, lanyhaságtól,
A naptalan és esőtelen égtől:
Ments meg Uram a szürkeségtől!

Édes az ifjak méntás koszorúja,
Fehér öregek aranyos borúja,
Virága van tavasznak, télnek:
Ne engedj Uram, koravénnek!

Csak attól ments meg, keresők Barátja,
Hogy ne nézzek se előre, se hátra.
Tartsd rajtam szent, nyugtalan ujjad,
Ne tűrd, Uram, hogy bezáruljak!

Ne hagyj Uram, megülepednem,
Sem eszmében, sem kényelemben.
Ne tűrj megállni az ostoba *van*-nál,
S nem vágyni többre kis mái magamnál.

Ha jönni talál olyan óra,
Hogy megzökkenne vágyam mutatója,
Kezem kezedben ha kezdene hülni,
Más örömén ha nem tudnék örülni,

Ha elapadna könnyem a más bűnén,
A minden mozgást érezni ha szűnném,
Az a nap, Uram, hadd legyen a végső:
Szabadíts meg a szürkeségtől!

Te Deum

Téged Isten dicsérlek
és hálát adok mindenért.

Hogy megvolt mindig a mindennapim
és nem gyűjtöttem másnapra valót,
       hála legyen.

Hogy mindig jutott két garasom adni
és magamnak nem kellett kéregetnem,
       hála legyen.

Hogy értenem adatott másokat
s nem kellett sírnom, hogy megértsenek,
      hála legyen.

Hogy a sírókkal sírni jól esett
és nem nevettem minden nevetővel,
      hála legyen.

Hogy megmutattál mindent, ami szép
és megmutattál mindent, ami rút,
      hála legyen.

Hogy boldoggá tett minden, ami szép
és ami rút, nem tett boldogtalanná,
      hála legyen.

Hogy sohasem féltem a szeretettől
és szerethettem, akik nem szerettek,
      hála legyen.

Hogy akik szerettek, szépen szerettek
és hogy nem kellett nem szépen szeretnem,
      hála legyen.

Hogy amim nem volt, nem kívántam,
és sohasem volt elég aki voltam,
      hála legyen.

Hogy ember lehettem akkor is,
mikor az emberek nem akartak emberek lenni,
      hála legyen.

Hogy megtarthattam a hitet
és megfuthattam a kicsik futását
és futva futhatok az Érkező elé
s tán nem kell a városba mennem
a lámpásomba olajért,
      hála legyen!

Hogy tegnap azt mondhattam: úgy legyen!
és ma is kiálthatom: úgy legyen!
és holnap és holnapután és azután is
akarom énekelni: úgy legyen! -
      hála legyen, Uram!
      hála legyen!

Szuhanics Albert
(1954 Budapest –)

A költészet napján

Fehér a tógám, földig ér,
fejemen zöld-arany babér.
Kezemben lantom hangja zeng,
miközben lelkem elmereng.

Körülvesz ím a múlt köde,
hogyan jutottam fel ide?
Arany a sarum lábamon,
ébren vagyok, nem álmodom?

Alant, mint fénylő csillagok,
városok, falvak állnak ott.
Bámulom én a fényeket,
lám üdvözlik ők lényemet.

Köröttem bércek állanak,
mint büszke, erős várfalak.
Parnasszus hegyén állok én,
költők és múzsák szent hegyén.

Ma költészetnek napja van,
és árnyak gyűlnek, oly sokan.
Kezükben gyertyafény ragyog,
fénylenek, mint a csillagok.

Indulnak ők, mint áradó,
medrét átlépő nagy folyó.
Költőknek népe merre jár,
nincs arra korlát, nincs határ.

Hókeblű múzsák járnak itt,
felszítván költők vágyait.
Látod a homlokom ragyog?
fénylik egy múzsa csókja ott.

Ma költészetnek napja van,
tejúton jár egy fényfolyam.
Látod ott mennyi név ragyog?
a költők mind-mind csillagok.

Utánuk nézek réveteg,
üdvözlöm én e fényeket.
Hallom a csendnek hangjait,
- ma éjjel szentek járnak itt...!

Elvarázsolva

Ha néma marad ajkam, mikor látlak,
tudd, árva szívem máris hevesen ver,
ám mégis titkos varázs köt nem egyszer,
az én szavaim kőszoborrá válnak...

Mint angyalok a márványba faragva,
úgy hallgatnak... lásd lelkem katedrális,
ott hőn szerelmet vallanék én máris,
...béklyójuk csend, s nem ismerek magamra.

Vár a szószék, száz lépcsőn botorkálok,
mint kék pillangók, röpködnek vágyálmok
szóvirágok tarka színű szirmain.

Illatuktól feloldódik a varázs,
elhagyja az ajkaim száz vallomás,
szemed csillan, s szebb vagy mint az álmaim.

Látod, utánad az ég könnyezik...

Ott, hol enyészet ura a helynek,
régi emlékek életre kelnek.
Sóhajok szállnak, mécsesek gyúlnak,
könnyek csillognak, hantokra hullnak.

Ott, hol e napon oly sokan járunk,
mohás köveken botlik a lábunk,
hűvös az ősz most, vastag az avar,
lehull a levél, viszonylag hamar...

Lehet a sorsunk kudarc vagy siker,
miképp a lombok, úgy hullunk mi el,
egyenként, sorban ...könyvbe van írva,
kivétel nélkül szállunk a sírba...

Amíg csak lehet, örülj, hogy élhetsz,
harmatos reggel új napra ébredsz,
míg reményt táplálsz, jövőd van neked,
szeretteid mind itt vannak veled!

Idővel majd csak a holtak napján
hantjuk bámulod, s az orcád halvány,
gyertyafény lobog, emlékben mosoly,
de könnyed hullik, s az arcod komoly.

Virágot hozunk, szépítjük a sírt,
a fájó szívre ez hozhat ma írt.
A sok szép emlék gyógyít oly sebet,
ami a fájó lelkünkön esett...

Lenéznek miránk, kik velünk éltek,
ma fényesebbek a csillagképek.
Mégis úgy érzed, hogy eső esik,
látod, utánad az ég könnyezik...

Anya és lánya

Ugye anyám mindig boldog leszek?
nem ér engem soha semmi baj!
Ugye anyám szerencse kísér majd,
s minden férfi engemet akar!

Nem így van ez, tudd hát kis butám,
az élet néha nehéz is lehet.
De ne szomorkodj ezen gyermekem,
vígan éljed át az életet!

Ha belső derű árad a lényedből,
s gondoskodó, megbocsátó lész.
Meghallgatod, ki panaszra fakad,
akit olykor üldözött a vész...

Akkor téged sok ember szeret,
és sohasem leszel egyedül.
Rádnevetnek majd, s te is nevetsz,
s körötted a világ felderül.

Ugye anyám, ezért vagy te boldog,
mert téged én is így ismertelek?
Haragosod nem volt neked soha,
s nem kerültek el az emberek!

Ha jó szót szólasz, szép napot köszönsz,
már kedve megjött, kivel szóba állsz.
Nem nyomasztja többé rút közöny,
mert hozzá mindig kedves szót találsz.

Ugye anyám nem kell úgy aggódnom,
hogy nem talál meg soha szerelem?
Eljön az, mint tavasz jő a télre,
nem kell arra várnom én nekem!

Úgy van lányom, mindenkinek van,
igaz párja a földön valahol.
Ki nem keresi, könnyen rátalál,
ki kutatja, nem látja sehol...!

Ne keresd hát te a boldogságot,
mert itt van mindig, csak meglátni kell...
Mennyi szépség vehet körül téged,
és bárhol is vagy, ott boldog leszel!

Tóth Árpád
(1886 Arad – 1928 Budapest)

A vén ligetben

A vén ligetben jártunk mi ketten,
Aludt a tölgy, a hárs, a nyár;
Hozzám simult félőn, ijedten,
S éreztem: nem a régi már.
Sebten suhantunk, halk volt a hangunk,
S csendes volt a szivünk nagyon,
És mégis csókba forrt az ajkunk
Azon a sápadt alkonyon.

Kezéből a fűre, könnyesen, gyűrve
Lehullott egy csöpp csipke-rom,
Fehéren és halkan röpült le,
Akár egy elhervadt szirom.
Szeme rámnézett kérdőn, búsan:
(Nincs búsabb szem, mint aki kérd)
Ily szomorúan, ily koldúsan
Mért hívtuk egymást ide? mért?

S mondta, hogy késő már az éj, s ő
Megy... mennie kell... s elfutott.
Hallottam haló zaját a lépcsőn,
S nem tudom, meddig álltam ott.
Aztán... le s fel jártam a parkban,
Mint aki valakire vár.
Gázolt a sarkam síró avarban,
S aludt a tölgy, a hárs, a nyár...

Április

Április, ó, Április,
Minden csínyre friss!
Faun-bokáju, vad suhanc,
Újra itt suhansz!
Vásott cigánykereked
Porozza a tereket,
Repül a szemét,
Levegőbe parazsat
Hintegetsz és darazsat,
Illatot s zenét!

Némely ingó és rügyes
Ág végére már
Küldöd: kússzék az ügyes -
Katicabogár,
Mint árbócra egy piros,
Pettyes zubbonyú,
Fürge lábú és csinos
Kis matrózfiú!
Kémleli a láthatárt:
Mennyi fény! Mi az?
S zümmög zengő, napba tárt
Szárnyakkal: tavasz!

Szunnyad még a tél-mező,
Fáradt, vén paraszt,
Fűszakálla csendbe nő,
Megcibálod azt,
Majd meg méznél illatosb
Szellőfésüvel
Fésülöd, s szólsz: hé, de most,
Lomha szolga, fel!
Szundikálás volt elég,
Vár az új robot,
Mit álmodtál, vén cseléd,
Krumplit vagy zabot?

S reszket s kacag a liget,
Cserje meg bozót,
Gyenge bőrü testüket
Úgy csiklándozod;
Minden erdő egy bolond
Hejehuja-hely,
Nincsen még seholse lomb,
Csak virágkehely:
Izzad még a levelek
Vajudó rügye,
S a szirom már lepereg:
Csókos szél vigye...

S átsuhansz a városon,
Bérházak felett,
Felragyog sugároson
Sok vak emelet:
Reszkető, bibor varázs,
Vén kémény fala,

Lányszemszínű kék parázs
A szelíd pala.
Mély, sötét udvar felett
Négyszögű egen
Táncos lábad emeled,
Mint halk szőnyegen.

S padlásablakot, kitört
Sarkon fordulót,
Villogtatsz, mint zsebtükört
Pajkos nebulók:
Zsupsz! a földre hull a fény!
S ím a szenny alól
Nyűtt hang sír, tán a szegény
Por maga dalol?
Vak lap-árus: eleven
Bús utca-szemét
Sütkérez a melegen,
S nyitja holt szemét...

Április, ó, Április!
Míg tánccal suhansz,
Látogass meg engem is,
Víg örök suhanc,
Hisz egy régi kikelet
Furcsa reggelén
Együtt érkeztem veled
Földi útra én:
Szólt arany szimfónia
Napfény-húrokon,
S bölcsőmnél te, fény fia,
Álltál, víg rokon!

Április-testvérem, ó!
Hol van az a kor?
Ifjuságom hervadó
Kankalin-csokor,
Elpártoltam tőled én,
Nem veszed zokon?
Hej, beteg s fanyar legény
A régi rokon:
Ha a tavaszt élvezi,
Nézvén langy egét,
Bánatát is felveszi,
Mint szemüvegét...

Április, ó, Április!
Símogass, vezess!
Hadd legyek ma újra kis
Jó öcséd, kezes,
Hadd feküdjem tarka fák
Alján inni fényt,
Míg arcomba szöcske vág,
Zöld parittyaként,
Míg szememre patyolat
Szirom lengve jön,
S kis selyem-sátra alatt
Megbúvik a könny...

Ó, tán akkor, míg a méz
Színű nap lehull,
Bordám közül a nehéz
Szív is elgurul,
Imbolyog még, menni fél,
Majd gyáván, sután,
Bíbor labda, útra kél
Tűnő nap után:
Táncol, ugrik, fellebeg,
Enyhén száll tova,
Felfogják a fellegek,
S nem fáj már soha...

Tűz Tamás
(Makkó Lajos)
(1916 Győr – 1992 Hamilton)

Hazám

Mint zúgó szél a rétek csókját,
hazám magammal hoztalak.
Itt vagy velem. Fáradt agyamban
dalolsz, mint csobbanó patak.
Játékszerét a gyermek jobban
nem őrizné: ha jő az éj,
tündéri képedet szorítom
    szívem fölé.

Te drága táj, zöld lombjaiddal
szelíd körtáncot lejtesz itt.
Folyóid karcsú, kék szalagja
még él, még bennem rejtezik.
A város is, ahol születtem,
halvány rajzával itt lebeg.
a régi tornyok, csöndes utcák
    és halk terek.

Kibomlik minden friss csokorként.
A játékszín benépesül.
Arcok villannak föl a múltból,
csaták és zászlók s egyre gyűl
a hősi vér piros folyója
s a hömpölygő évszázadok
vad ütemében, mint a fáklya
    lelked lobog.

Mint édesanyám könnyes csókját,
hazám, magammal hoztalak.
Itt vagy velem. Lángolsz a számon,
miként a lobbanó szavak.
Majd ha kigyúl a szép reménység,
mint tündöklő gyümölcs a fán,
öledbe hullok mindörökre
    áldott hazám.

Modern költő dala

A versemet én vasból alkotom.
Meredjen égre mint egy vastorony
ércfénybe öntött harcos alkonyon.

Nem kell a lágy és finom ívelés,
mit elmerengő költők szíve vés.
Némuljon el most minden szívverés.

A ritmust vasgerenda nyelje el
s a végén rím helyett egy ferde jel
fejét az égre hetykén verje fel.

Mint csontvázon a sárga csontokat
már pusztán nézheted: a gondolat
szárnyat födetlen testtel bontogat.

Nem kell a malter. Csak a váz csupán.
Ridegen álljon, némán és sután
s a szél csapkodja bőszen és bután

Törvény szerint

Legyen e kurta toll tanúság,
hogy ember voltam s itt vagyok
kemény anyagból, csilla ércből,
de lassankint megolvadok,
barátaim, zord társaimmal.
a vassal és a villanó
ezüsttel, mintha pára volnék:
merész és illanó.

Üss meg: bizonnyal szertehullok,
Isten, te tégy velem csodát,
miként a szikla oldalából
forrást fakaszt a bárd.
Üss meg: szétnyílok, mint a tenger,
rajtam megy át a nép,
ha ellene szegülne testem,
magamnak ártanék.

Kerek törvénnyel óvsz engem,
hogy minden áron összetarts,
miként a téglák lomha láncán
törvényt teremt a mészhabarcs.
Szétzúzva is feléd- igyekszem,
öbölbe surranó hajó,
te vagy a jó ököl, az abroncs,
csontot ropogtató.

Törvény szerint tör rám a tűz is,
de nem dalolva dúl belém,
én dúdolok feléje dúsan,
ha testem szertetördelém.
Törvény szerint repülök én el,
ha álmaimnak útja nyíl.
miként a pendülő zsinórról
repül a nyurga nyíl...

Veres Erzsébet
(1931 Becej –)

Naplemente

Im, már a fáradt napnak
vörös ajka csókolja a láthatárt,
néma csendben pihenésre tér a világ.
Madárfüttye altatja az erdők lombjait
szellő se rebben, szent a pillanat,
a csendes alkonyat.
Piros tulipánok becsukják szirmaik,
egy eltévedt bogárka tanyáját keresi,
kotló alá bújnak a kis csibék,
s gyermek alszik anyja kebelén.
Áhitattal nézlek, Te vörös Korong,
Ki vagy Te?
Mi vagy Te?
Hogy felettünk uralkodol?
Te adod nekünk az éltető erőt,
teáltalad a búzamező nő,
érik a gyümölcs, nő a gyerek,
nyílik a virág, virít a kikelet.
S ilyenkor, ha tőlünk távozol,
a természet sötét gyászba borul,
s talán meg is halunk mind, egy éjszakára,
hogy másnap reggel
feltámadjunk újra e világra.

Borúra derű

"Borúra-derű" – mondogatta anyám,
mikor a fiókból kivette az utolsó dinárt.
Kontyos szép fejét magasra emelte,
mintha a sorssal nézett volna szembe.

Tele volt a lelke ifjú akarattal,
s valamai földöntúli mély-mély bizalommal.
Ő el is hitte, amint mondogatta,
borúra derűt hoz a holnap.

Sok-sok borús nap jött, késett a derű,
de anyám szemében könny, soha nem ült.
Dal volt az ajkán, míg háta görnyedt
mosóteknő felett, sok hosszú éjjelen.

Borúra derű, egyre mondogatta,
míg lámpafénynél ruhánkat foltozta,
szemében még égett a reménység lángja,
csak gyönge teste fizette az árát.

Remélni kell fiam – volt az utolsó szava,
Mielőtt lelkét az Úrnak visszaadta.
Borús tavaszi nap tették a sírjába,
S most nyugszik a Mennyben, örök boldogságban.

Késői szerelem

Nem tudom mi az mit irántad érzek
melyik ágazata az édes szerelemnek?
annyi könyvet-verset írtak az okosok,
és én feleletet mégsem találok.

Hogy miért pirulok el, ha nevedet hallom,
miért dobban a szívem, ha jöttödet látom?
Miért kísért az árnyad, ha nem vagy mellettem,
el nem csókolt csókunk alkamon mért éget?

Mért Tiéd az álmom, ha leszáll az alkony,
és kábult fejemet a párnámra hajtom?
Valóság és álom, míg kergetik egymást
Hozzád menekülök, de jaj, ott sincsen megnyugvás.

Mint nehéz betegség, úgy nyomja a szívem,
ez a késői, hívatlan szerelem.
Hisz nincs száminkra holnap, akár hogy is nézem
nagyon nagy az ára, elérhetetlen.

Kiskertemben már késő őszre jár,
s egy rózsabokron mégis egy szál virág áll,
reménytelenül ringatja az őszi szél,
hisz a pillangó már téli nyugovóra tért.
En is így ringatlak ébren álmodozva,
egyszer dalolva, máskor meg sírva.
S aztán megköszönöm a nagyon jó Istennek,
hogy urolsó virágnak Téged adott nékem.

Veres Péter
(1897 Balmazújváros – 1970 Budapest)

Ha nem lehettél szálfa

Kapaszkodj meg ebbe a földbe erősen, magyarom,
Ha nem lehettél szálfa, legyél hát cserje,
vagy legyél csak gyom.

Nézd a tarackot,
nem árthat annak se aszály, se árvíz, se fagy, se tűz,
hiába perzselik azt fönt, s hiába vagdalják alant.
Tavasszal nem mozdul, azt hinnéd, kihalt,
pedig azalatt, ott lenne a mélyben ágakat ereszt,
acélhegyű gyökerével bejárja a sívó homokot, a
zörgő kavicsot;
a sovány agyagot éppúgy, mint a buja televényt,
szorgosan furkál, terjed, telepít,
s mire a tavasz virágzó füvei száraz avarrá válnak,
ő vígan zöldell újra, s buja sűrűségét felmutatja a nyárnak.

Vagy nézd a perjét,
hiába fordítja ki eke, hiába tépi szét a
kegyetlen borona,
ahová kerül, ott ragad, gyökerei mindjárt új szálakat eresztenek,
lekötnek, tanyát vernek,
s holnap a gazda szemébe nevetnek.

Ez a föld itt a tiéd, tartsad hát erősen, magyarom,
ha nem lehettél benne szálfa, legyél csak cserje, vagy
legyél csak gyom.

Nézd csak a tippant,
a szikes puszták apró bokrait.
Nyár végén kiégnek
s még torsaikat is porrá veri ezernyi birkaláb.
Tavasszal mégis kibújnak,
s pici magvaikkal telt zászlóikat vígan lengetik a sovány
pusztai szelek.

Vagy nézd a sziksalátát,
a lekaszált ájult füvei közül kiugrik hirtelen,
s ehetetlen kórójának örök lila virágával
fenn tarja az életet a halott mezők felett

Nézd a töviseket is:
a gyengén szúrót, a cigánymogyorót,
a gerlicetövist és az ördögszekeret.

Nézd a messze viruló bogáncsot s a ravaszul lapuló
királydinnyét.
Hiába írtja ezeket csőszök, kerülők serege,
hiába röpködnek bennük írott parancsok,
nem engednek, újra és ezerszer újra visszajönnek
– és szúrnak, mert egyebet nem tehetnek.

Szúrj hát te is, de ne engedd ezt a földet, magyarom,
ha nem lehetsz már benne szálfa, legyél hát cserje,
vagy legyél csak gyom.

S hogyha nem élhetsz magadnak,
virágod legyen mérges, mint a kutyatej,
ágaid legyenek tüskések, mint a vadrózsa,
legyenek görbék, mint a galagonya,
gyümölcsöd legyen fanyar, mint a vadkökény,
vagy legyen keserű, mint a farkasalma, –
csak bőven termő bamba diófája ne legyél senkinek.

Ez a föld a tiéd, tartsd hát meg magadnak, magyarom,
ha nem lehetsz már benne szálfa, legyél hát cserje,
vagy legyél csak gyom.

Vörösmarty Mihály
(1800 Pusztanyék – 1855 Pest)

A merengőhöz
Laurához

Hová merült el szép szemed világa?
Mi az, mit kétes távolban keres?
Talán a múlt idők setét virága,
Min a csalódás könnye rengedez?
Tán a jövőnek holdas fátyolában
Ijesztő képek réme jár feléd,
S nem bízhatol sorsodnak jóslatában,
Mert egyszer azt csalúton kereséd?
Nézd a világot: annyi milliója,
S köztük valódi boldog oly kevés.
Ábrándozás az élet megrontója,
Mely, kancsalúl, festett egekbe néz.
Mi az, mi embert boldoggá tehetne?
Kincs? hír? gyönyör? Legyen bár mint özön,
A telhetetlen elmerülhet benne,
S nem fogja tudni, hogy van szívöröm.
Kinek virág kell, nem hord rózsaberket;
A látni vágyó napba nem tekint;
Kéjt veszt, ki sok kéjt szórakozva kerget:
Csak a szerénynek nem hoz vágya kínt.
Ki szívben jó, ki lélekben nemes volt,
Ki életszomját el nem égeté,
Kit gőg, mohó vágy s fény el nem varázsolt,
Földön honát csak olyan lelheté.
Ne nézz, ne nézz hát vágyaid távolába:
Egész világ nem a mi birtokunk;
Amennyit a szív felfoghat magába,
Sajátunknak csak annyit mondhatunk.
Múlt és jövő nagy tenger egy kebelnek,
Megférhetetlen oly kicsin tanyán;
Hullámin holt fény s ködvárak lebegnek,
Zajától felréműl a szívmagány.
Ha van mihez bizhatnod a jelenben,
Ha van mit érezz, gondolj és szeress,
Maradj az élvvel kínáló közelben,
S tán szebb, de csalfább távolt ne keress,
A birhatót ne add el álompénzen,
Melyet kezedbe hasztalan szorítsz:
Várt üdvöd kincse bánat ára lészen,
Ha kart hizelgő ábrándokra nyitsz.
Hozd, oh hozd vissza szép szemed világát;
Úgy térjen az meg, mint elszállt madár,

Mely visszajő, ha meglelé zöld ágát,
Egész erdő viránya csalja bár.
Maradj közöttünk ifju szemeiddel,
Barátod arcán hozd fel a derűt:
Ha napja lettél, szép delét ne vedd el,
Ne adj helyette bánatot, könyűt.

Szózat

Hazádnak rendületlenűl
Légy híve, oh magyar;
Bölcsőd az s majdan sírod is,
Mely ápol s eltakar.

A nagy világon e kivűl
Nincsen számodra hely;
Áldjon vagy verjen sors keze;
Itt élned, halnod kell.

Ez a föld, melyen annyiszor
Apáid vére folyt;
Ez, melyhez minden szent nevet
Egy ezredév csatolt.

Itt küzdtenek honért a hős
Árpádnak hadai;
Itt törtek össze rabigát
Hunyadnak karjai.

Szabadság! itten hordozák
Véres zászlóidat,
S elhulltanak legjobbjaink
A hosszu harc alatt.

És annyi balszerencse közt,
Oly sok viszály után,
Megfogyva bár, de törve nem,
Él nemzet e hazán.

S népek hazája, nagy világ!
Hozzád bátran kiált:
"Egy ezredévi szenvedés
Kér éltet vagy halált!"

Az nem lehet hogy annyi szív
Hiában onta vért,
S keservben annyi hű kebel
Szakadt meg a honért.

Az nem lehet, hogy ész, erő,
És oly szent akarat
Hiába sorvadozzanak
Egy átoksúly alatt.

Még jőni kell, még jőni fog
Egy jobb kor, mely után
Buzgó imádság epedez
Százezrek ajakán.

Vagy jőni fog, ha jőni kell,
A nagyszerű halál,
Hol a temetkezés fölött
Egy ország vérben áll.

S a sírt, hol nemzet sűlyed el,
Népek veszik körűl,
S az ember millióinak
Szemében gyászköny űl.

Légy híve rendületlenűl
Hazádnak, oh magyar:
Ez éltetőd, s ha elbukál,
Hantjával ez takar.

A nagy világon e kivűl
Nincsen számodra hely;
Áldjon vagy verjen sors keze:
Itt élned, halnod kell.

Wass Albert
(1908 Válaszút – 1998 Astor)

Hontalanság hitvallása

Hontalan vagyok,
Mert vallom, hogy a gondolat szabad,
Mert hazám ott van a Kárpátok alatt
És népem a magyar.

Hontalan vagyok,
Mert hirdetem, hogy testvér minden ember,
S hogy egymásra kell, leljen végre egyszer
Mindenki, aki jót akar.

Hontalan vagyok,
Mert hiszek jóban , igazban, szépben.
Minden vallásban és minden népben
És Istenben, kié a diadal.

Hontalan vagyok,
De vallom rendületlenül, hogy Ő az út s az élet,
És maradok ez úton, míg csak élek
Töretlen hittel ember és magyar.

Üzenet haza

Üzenem az otthoni hegyeknek:
a csillagok járása változó.
És törvényei vannak a szeleknek,
esőnek, hónak, fellegeknek,
és nincs ború, örökkévaló.
A víz szalad, a kő marad,
a kő marad...

Üzenem a földnek: csak teremjen,
ha sáska is rágja le vetését,
ha vakond túrja is gyökeret.
A világ fölött őrködik a Rend,
s nem vész magja a nemes gabonának,
de híre sem lesz egykor a csalánnak.
A víz szalad, a kő marad,
a kő marad...

Üzenem az erdőnek: ne féljen,
ha csattog is a baltások hada.
Mert erősebb a baltánál a fa,
s a vérző csonkból virradó tavaszon,
Újra erdő sarjad győzedelmesen.
S még mindig lesznek fák, mikor a rozsda
a gyilkos vasat rég felfalta már
s a sújtó kéz is szent jóvátétellel
hasznos anyaggá vált a föld alatt...
A víz szalad, a kő marad,
a kő marad...

Üzenem a háznak, mely fölnevelt:
ha egyenlővé teszik is a földdel,
nemzedéknek őrváltásain
jönnek majd újra boldog építők,
és kiássák a fundamentumot,
s az erkölcs ősi hófehér kövére
emelnek falat, tetőt, templomot.

Jön ezer új Kőmíves Kelemen,
ki nem habarccsal és nem embervérrel
köti meg a békesség falát,
de szentelt vízzel és búzakenyérrel,
és épít régi kőből új hazát.
Üzenem a háznak, mely fölnevelt:
a fundamentum Istentől való,
és Istentől való az akarat,
mely újra építi a falakat.
A víz szalad, de a kő marad,
a kő marad...

És üzenem volt barátaimnak,
kik megtagadják ma nevemet:
ha fordul egyet újra a kerék,
én akkor barátjok leszek,
és nem lesz bosszú, gyűlölet, harag.
Kezet nyújtunk egymásnak, és megyünk,
és leszünk Egy Cél és Egy Akarat:
a víz szalad, de a kő marad,
a kő marad...

És üzenem mindenkinek,
testvérnek, rokonnak, idegennek,
gonosznak, jónak,
hűségesnek és alávalónak,
annak, akit a fájás űz, és annak
kinek kezéhez vércsöppek tapadnak:
vigyázzatok és imádkozzatok!
Valahol fenn a magas ég alatt
mozdulnak már lassan a csillagok,
s a víz szalad, és csak a kő marad,
a kő marad...

Maradnak igazak és jók,
a tiszták és békességesek,
erdők, hegyek, tanok és emberek.
Jól gondolja meg, ki mit cselekszik!

Likasztják már fönn az égben a rostát,
s a csillagok tengelyét olajozzák
szorgalmas angyalok.
És lészen csillagfordulás megint,
és miként hirdeti a Biblia:
megméretik az embernek fia,
s ki mint vetett, azonképpen arat,
mert elfut a víz, és csak a kő marad,
de a kő marad.

Weöres Sándor
(1913 Szombathely – 1989 Budapest)

Bóbita

Bóbita, Bóbita táncol,
Körben az angyalok ülnek,
Béka hadak fuvoláznak,
Sáska hadak hegedülnek.

Bóbita, Bóbita játszik,
Szárnyat igéz a malacra,
Ráül, ígér neki csókot,
Röpteti és kikacagja.

Bóbita, Bóbita épít,
Hajnali ködfal a vára,
Termeiben sok a vendég,
Törpe király fia, lánya.

Bóbita, Bóbita álmos,
Elpihen őszi levélen,
Két csiga őrzi az álmát,
Szunnyad az ág sűrűjében.

Állatok beszéde

`Harkály`
Egy ember járt az erdőn, itt az erdő sürűjén
és elfeküdt, de nem kelt föl, nyugodtan ottmaradt.
Köréje gyűlnek mind a mindenféle hanguak
és lopva nézik őt.

`Szarvas`
Vadász volt ő, bizony, vadász volt, én jól ismerem,
olyant akart csinálni, hogy mi többé ne legyünk,
így van, ha mondom. Most mi állunk s nézzük őt
és ő itt van, de nincs.

`Kutya`
Bőrszíját rángatom s nem üt, kezét nyalom s nem ért,
a küszöbén aludtam mindig, ő az istenem!
Hiány van itt amit nem értek, éhes sem vagyok
és nem tudom miért.

`Szarvas`
Puskája villog, ő nem mozdul többet és nem árt,
de a kutyája él: gazdája mellén fekszik és
orrával állon-lökdösi, majd fölpattan s kering:
vigyázni kell nagyon.

`Harkály`
Széjjelvetett tagokkal, ernyedt állal fekszik a
nedvességtől fénylő fatörzs mellett a gyér füvön,
fakó bőrére kis kerek foltokban hull a fény
a lombok résein.

`Kutya`
Fagyos vagy, mint a kő, a vas, és más a szagod is,
én itt vagyok és jajgatok, tehozzád tartozom,
sarkadban jártam s mint egy asszony tudtam kedvedet,
mozdulj, szentem, felelj!

`Harkály`
A lassú táncban alva hajlongó és dúdoló
nagy fák alatt egy ember fekszik itt, az éhesek
pörölve rászállnak majd és behullja csonkjait
a keserű levél.

UTÓSZÓ

Tisztelt Olvasó!

Az elmult 5 év során folyamatosan megtartott Költészet Napi ünnepségek teljes anyagát tartalmazza ez a könyv. Természetesen változásokkal és bővítésekkel. Nem ugyanaz a kiválasztott kör vitte bemutatásra a költeményeket, néha alkalmazkodnunk kellett az előadóhoz vagy az önként jelentkezőkhöz is az ünnepségek sikere érdekében. Magán viseli tehát ez a kötet ezeket a jegyeket, de nem bánjuk, mert ezek voltunk mi Kanada legdélibb részén, egy maroknyi magyar, aki rajongott még a magyar kultúráért, képes volt azt még ízes, szép magyar szóval előadni. Szerencsére voltak köztük gyerekek és felnőttek, minden esetre mi hiszünk benne, hogy a példa ragadós s mások is megszeretik ezt a végtelenül széles magyar kultúrát s kedvet kapnak nemcsak az olvasáshoz, de annak közvetitéséhez is, lassan nemcsak a magyarok felé, de az itt élő más nemzetek fiai felé is. Ma már oly sok jó forditás létezik, amit nem kell szégyellni, ha beszél az ember róla másoknak.

Ha ötletet vagy támpontot adunk e kiadvánnyal más magyar közösségnek egy-egy ünnepi műsor elkészítéséhez munkánk, igyekezetünk már nem volt hiábavaló. Jó szívvel adjuk közre, használják fel még ügyesebben, mint mi tettük. Mi úttörők voltunk itt Kanada földjén ezekkel az ünnepi műsorokkal. Ennyire tellett, minket boldoggá tett és örültünk neki. Mi hiszünk a kultúra építő és gyógyító erejében, elsősorban a magunk gyönyörűségére csináltuk. Jól esett megfürödni ilyenkor a magyar költészet csodálatos folyójában s ragyogóbb, fényesebb, egészségesebb lett tőle a lelkünk.

Próbáltunk ügyelni arra, hogy ne csak a jól ismert költőink verseit szavaljuk, de a jelenlegi határainkon kívül élő költők se maradjanak ki, s persze a Kanadában élők sem, vagy ne csak a régi magyarok jussanak szóhoz, hanem a ma élők hangját is halljuk még meg. Talán néha lehetetlenre vállalkoztunk, de ilyenek vagyunk mi magyarok, "a mindenséget vágytuk tervbe venni, de magunknál tovább most sem jutottunk," mondjuk Babits szavaival.

Ne hagyd elveszni Istenünk sem Erdélyt, sem a többi Magyarorszától elszakított területeket, mi magunkban hordozzuk azt az ősi földet és kultúrát a legvégsőkig. Áldottá tettél bennünket. Köszönjük! Büszkék vagyunk rá! Ezzel az ajánlással fogadják e kötetet.

Lizik Zoltán

református lelkipásztor

TARTALOM

A könyv megjelenését támogatta

HCC
Magyar Kultúrközpont
Windsor
Canada

❧

Ónya Miklós
Pardi Alíz
Sztvorecz János
Veres Erzsébet
Veres Zoltán
Vörös Sándor

❧

ISBN 978-0-9940871-1-9
EES Kiadó
Windsor, Canada
2015